POLYGLOTT on tour

# Japan

Dr. Norbert Hormuth

# Special



# Allgemeines

# Beschreibungen



Japans Hauptstadt liegt im Spannungsfeld von High-Tech-Betriebsamkeit und alten Kulturschätzen, von Hypermodernität und strenger Tradition.

Die Schreine Nikkos, die Stadt Kamakura mit ihrem reichen kulturellen Erbe oder der Fuji-Hakone-Nationalpark zählen unbestritten mit zu den Höhepunkten einer Japanreise.

## Kyoto – Stadt der Tempel und Klöster 

Unter den Städten Ostasiens gilt Kyoto als Juwel. Seine Tempel und Klöster sind von zeitloser Schönheit und zeugen von jahrhundertealter Spiritualität.

## Ausflüge von Kyoto – Ins alte Herz Japans 

Nara gilt als Wiege der Kultur Japans, vom Kloster Horyuji ging die Verbreitung des Buddhismus aus, der Ise-Schrein ist das wichtigste Shinto-Heiligtum des Landes.

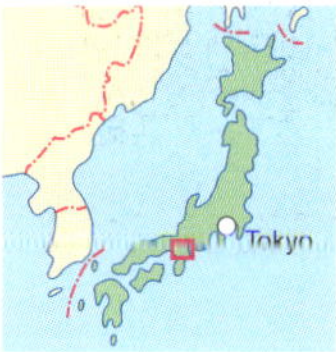


## Osaka – Frühe Blüte, später Aufschwung 

Osaka ist mehr als ein Wirtschafts- und Verwaltungszentrum: Es ist auch die Stadt des Kabuki-Theaters und des Bunraku-Puppenspiels, deren Tradition weit zurückreicht.

## Okayama – Eine Perle in der Provinz 

Für Liebhaber japanischer Gartenarchitektur ist der großartige Koraku-Park ein Muss. Gleichzeitig ist Okayama ein idealer Ausgangspunkt für einen Ausflug zum Izumo-taisha-Schrein.

*Rechts: Gion-Fest in Narita (bei Tokyo)*

## Bildnachweis

Johannes Frangenberg: 15-1, 23-1, 25-1, 30, 36, 41, 44-1, 44-2, 45, 48, 49, 50-2, 53, 56, 57, 59, 60, 65, 66, 68, 71, 72-2, 74, 75, 84, 86, Umschlagrückseite (unten); Rainer Hackenberg: 1, 2-1, 2-2, 6/7 (Fond), 10, 10/11 (Fond), 13, 14, 15-2, 19-1, 23-2, 27, 34, 35-2, 37, 40, 50-1, 61, 64-1, 67, 70-1, 70-2, 72-1, 79, 81, 88, 90, 95, Umschlagrückseite (oben); Norbert Hormuth: 89, 92; Johannes Klühspies: 19-2, 77; Günther Lahr: 5, 17, 18, 64-2, 94; laif/ Kohlbecher: 11; laif/ Zenit/ Boening: 38; Erhard Pansegrau: 6, 8/9 (Fond), 31, 35-1, 47, 55, 69; Martin M. Petrich: 25-2; Archiv Petrich: 82; Photopress/ Rainer Hackenberg: 7; Jutta Ressel: 78; via/ Franz-Josef Krücker: 8, 9; Titelbild: Rainer Hackenberg

Das traditionelle japanische Gästehaus, Ryokan, bewahrt in seiner architektonischen Gestaltung und in den strengen Formen seiner Gastlichkeit eine von westlichen Einflüssen gänzlich unberührte Wohnkultur. Im Ryokan ist man eigentlich nicht Gast, sondern verwandelt sich beim Eintritt in den heimkehrenden Sohn. Man überlässt sich ganz der Führung und Fürsorge der still beflissenen Bedienerin, die der vertraute Gast mit *o-ne-san,* ältere Schwester, anredet. Um die sehr verfeinerte, aber in höchstem Maße ungewohnte altjapanische Lebensform ungeschmälert genießen zu können, sollte sich der westliche Besucher vorher gut informieren.

**Tipp** Gute Hinweise zur Vorbereitung und Zimmerreservierung findet man in der Broschüre »Japan welcomes you at Ryokan«, die man kostenlos bei der Japanischen Fremdenverkehrszentrale in Frankfurt (s. S. 100) erhält, sowie unter www.eryokan.co.jp.

# Heimkehr in den Schoß der Familie

## Vollkommene Gastlichkeit

Sobald man am Eingang die Straßenschuhe abgegeben und gegen die traditionellen Slipper eingetauscht hat, beginnt die Entspannung. Man wird zu seinem mit *Tatami*-Matten ausgelegten Zimmer geleitet, das man nur auf Strümpfen oder barfuß betreten darf. Dort steht ein niedriger Tisch mit der der Zahl der Gäste entsprechenden Anzahl von Sitzkissen und Erfrischungen: Tee, Eiswasser, Kleingebäck. Die *Futon*-Betten sind noch hinter Schiebetüren im Wandschrank verborgen und werden erst später ausgelegt. Für jeden Gast liegt ein leichter Baumwollkimono *(yukata)* bereit. Von beengender westlicher Kleidung befreit geht es nun mit dem Yukata bekleidet ins obligatorische japanische Bad (s. S. 10). Während des Badens wird im Zimmer das Abendessen gerichtet. Augen und Gaumen genießen nun ein festliches *Kaiseki*-Mahl, ein anspruchsvolles, mehrgängiges japanisches Menü, dessen Zutaten von der jeweiligen Jahreszeit bestimmt sind. Danach ergeht man sich im stilvollen japanischen Garten oder genießt dessen Anblick durch die geöffneten Papierschiebetüren.

Das älteste und zugleich eines der schönsten Ryokan, das **Hakkei-tei** in Hikone am Biwa-See nahe Kyoto besticht mit seinem berühmten Genkyu-Park, einem Höhepunkt japanischer Bau- und Gartenkunst. (3-41 Konki machi, Hikone City, Japan 522-0061, Tel. 0749/22-3117, Fax 22-3120, E-Mail: kitake@ops.dti.ne.jp; per Taxi 5 Min. vom Bahnhof Hikone. Aufenthalt ca. 100 € pro Person und Nacht.)

## Mit kleinem Geldbeutel japanisch wohnen

Da Ryokan-Übernachtungen meist recht teuer sind, hat man in Japan eine preisgünstigere Alternative geschaffen: die **Minshuku**, private Familienpensionen, in denen man japanische Wohnkultur und japanischen Lebensstil angenehm und auf einer eher dem japanischen Alltag entsprechenden Ebene als in den verfeinerten Ryokan kennen lernen kann. Informationen und Adressen in »Directory of Welcome Inns« bei der Japanischen Fremdenverkehrszentrale.

Recht bescheidene, dafür aber preiswerte Ryokan zum ersten Kennenlernen findet man bei der Hotelkette **For the polished Traveler – Historic & Memorable Ryokan in Tokyo** (zwei Personen pro Nacht ca. 90 €). Einzelprospekte gibt es bei der Japanischen Fremdenverkehrszentrale.

**Tipp** Wer die schönsten und edelsten Ryokan kennen lernen möchte, dem sei der ausgezeichnete, kenntnisreiche und prachtvoll bebilderte Band »Ryokan – Zu Gast im Traditionellen Japan« von Gabriele Fahr-Becker empfohlen; Könemann-Verlag, Köln, 2000.

### Weitere empfehlenswerte Ryokan:

- **Hotel Sanoya,** Shichijo Sagaru, Higashi-notoin-dori, Shimogyo-ku, Kyoto 600-8216, Tel. (075) 371-2185, Fax 371-3457. 5 Min. zu Fuß von Kyoto Station. ❍❍
- **Mitakiso,** 1-7 Mitaki-machi, Nishiku, Hiroshima 733-0005, Tel. (082) 237-1402, Fax 237-1403. 12 Min. per Taxi von Hiroshima Station. ❍❍❍

# Der Kampf der dicken Männer

Schon in den Mythen aus vorgeschichtlicher Zeit wird von rituellen Ringkämpfen berichtet. Bereits damals entschied ein gewaltiger Ringkampf darüber, wer über das neu geschaffene Land herrschen darf. Das kräftige Stampfen der Ringer vor dem Kampf und das schwungvolle Werfen von Salz in den aus Lehm gestampften Ring leiten sich direkt aus shintoistischen Beschwörungs- und Reinigungsritualen her. Noch heute findet man bei zahlreichen Shinto-Schreinen Sumo-Kampfplätze, wo bei Schreinfesten Amateurringer zur Unterhaltung der Schreinbesucher, aber auch zum Dank an die Götter Sumo-Kämpfe aufführen. Das über dem Kampfring der großen Sumo-Kampfstätten hängend angebrachte Dach ist seit alters aus der Schreinarchitektur abgeleitet.

**Tipp** Eindrucksvolle, nicht kommerzielle Sumo-Kämpfe finden alljährlich im Februar beim **Yasukuni-Schrein** in Tokyo (s. S. 41) statt.
An den Zeremonien, die weniger zur Unterhaltung der Schreinbesucher als vielmehr zur Besänftigung der im Schrein verehrten Kriegsgefallenen abgehalten werden, nehmen fast alle prominente Sumo-Ringer teil.

**Tipp** Gründliche Informationen über alles, was mit Sumo zusammenhängt, findet man in dem Buch **Sumo,** hrsg. von Jörg Möller; Judicium-Verlag, München, 1994.

## Die großen Turniere

Das offizielle, kommerzielle Sumo wird in einer traditionellen Abfolge von sechs jeweils 15 Tage dauernden Turnieren in vier verschiedenen Städten – Tokyo, Osaka, Nagoya und Fukuoka – durchgeführt. Der September ist traditionell die wichtigste Sumo-Saison. Überall im Lande finden in Schreinen, auf Dorfplätzen, Schulhöfen oder an geeigneten Straßenecken Sumo-Kämpfe statt, oft mit Amateuren, zum Teil aber auch mit prominenten Profis, die zur Mehrung ihres Ansehens sowie ihres Einkommens außerhalb der Turnierzeiten durchs Land tingeln.

### Sumo-Termine

- **Tokyo** (Stadtteil Asakusa): Mitte Januar, Mitte Mai, Mitte September.
- **Osaka:** Mitte März.
- **Nagoya:** Mitte Juli.
- **Fukuoka:** Mitte November.

**Tipp** Auskünfte zu Sumo (Termine, Veranstaltungsorte) erteilt die Japanische Sumo-Gesellschaft **Nihon Sumo Kyokai,** Kokugikan, Sumida-ku, Tokyo 130-0015, Tel. (03) 3623-5111, oder man informiert sich im Internet unter: www.wnn.or.jp/wnn-t/index_e.html.

## Zeremonie und Psychologie

Die prachtvollen rituellen Eröffnungs- und Abschlusszeremonien, bei denen die Kämpfer, angeführt vom *Yokozuna,* dem Ringer mit dem höchsten Rang, in Prunkgewändern den Ring betreten, sollte man sich auf keinen Fall entgehen lassen. Die Kämpfe selbst sind nach weiteren Zeremonien, zu denen das kraftvolle Aufstampfen und die Reinigung des Ringes durch Salzstreuen gehören, oft nach dem *tachi ai,* dem Moment, in dem die Kolosse von der Startlinie aus auf einander zustürzen, in wenigen Sekunden entschieden. Ziel des Kampfes ist es, den Gegner entweder zu Boden zu werfen oder ihn aus dem 4,55 m Durchmesser großen Ring zu zwingen. Meist ist es nicht die reine körperliche Kraft oder gewichtsmäßige Überlegenheit, die den Kampf entscheidet, sondern das raffinierte psychologische Timing, indem etwa durch erneute zeremonielle Handlungen der Angriff künstlich hinausgezögert oder unterbrochen und der Gegner zermürbt wird: ein Schritt zur Seite in der intuitiv erfassten richtigen Zehntelsekunde, und der Angreifende stürzt ins Leere und in die Niederlage.

**Tipp** In Tokyo empfiehlt sich der Besuch des Sumo-Museums **Sumo Hakubutsukan,** 1-3-28 Yokoami, Sumidaku, Tokyo, Öffnungszeiten: Mo–Fr 9.30–16.30 Uhr. Wer eine Tageskarte für das Sumo-Turnier besitzt, hat damit freien Eintritt ins Museum.

Zu den unverzichtbaren Ritualen des japanischen Lebens gehört das tägliche abendliche Bad. In allen Dörfern, Städten und Stadtteilen wurden für die Anwohner bereits ab dem 9. Jahrhundert *Sento*, öffentliche Badehäuser, eingerichtet. Obwohl die Sento durch die modernen Wohnverhältnisse an Bedeutung verloren, findet man selbst in Tokyo noch immer öffentliche Badehäuser, in denen sich gegen Abend ganze Nachbarschaften zur Entspannung und zum Schwatzen einfinden.

# Erholung für Körper und Geist

## Eine Nation taucht ins heiße Wasser

Ob zu Hause oder im *Sento*, ob im großzügig gestalteten *Ofuro* eines Ryokan oder in einem der prächtigen Großbäder in einem Thermalbadeort *(Onsen)*: Ab fünf Uhr nachmittags zieht es Millionen Japaner ins heiße Wasser.

Für Tokyo-Besucher empfiehlt sich ein erholsamer Onsen-Aufenthalt im historischen **Mikawaya Ryokan** in Kowakidani/ Hakone (möglichst nicht am Wochenende!). 503 Kowakidani, Hakone-machi, Tel. (0460) 2-2231, Fax 2-5064. Anreise von Tokyo mit JR Kodama Shinkansen bis Odawara, von dort mit der Odakyu-Privatbahn durch eine herrliche Berglandschaft nach Kowakidani und per Taxi zum Ryokan.

## Entspannen trotz strenger Regeln

Ins Bad begibt man sich am besten mit dem leichten *Yukata* bekleidet und nimmt eines der kleinen Handtücher mit, die im Zimmer bereit liegen. Yukata und Wäsche lässt man im Vorraum zum Bad zurück, wo man flache Körbe, Regalfächer oder Schließfächer für seine Habseligkeiten vorfindet. Danach geht man, nun nur noch mit seinem kleinen Badetuch »bekleidet« und mit eigener Seife und Shampoo in den Baderaum, wo man sich, auf kleinen Hockern sitzend, gründlich von Kopf bis Fuß wäscht. Ist der letzte Rest von Seife abgespült, darf man nun endlich ins heiße Wasser steigen. Übrigens: In den meisten von westlichen Touristen besuchten Bädern sind Männer und Frauen getrennt.

**Tipp** Mit seinen 45 Grad erscheint das Wasser im **Ofuro** dem westlichen Besucher zunächst unerträglich heiß. Wenn man sich jedoch ganz langsam ins Wasser gleiten läßt und sich möglichst wenig bewegt, d. h. sich nicht immer wieder neues, heißes Wasser zufächert, ist das Bad bald erträglich und schließlich sogar genussvoll.

湯船の中に手ぬぐいを

## Japan, Land der Erdbeben und heißen Quellen

Auf Grund des starken Vulkanismus und der ausgedehnten tektonischen Störzonen wird Japan nicht nur von häufigen Erdbeben heimgesucht. Diese besondere tektonische Lage beschert dem Land zugleich auch eine Vielzahl heißer Quellen. Die thermischen Quellen werden in mehr als 12 000 Onsen genutzt. Dort, wo die heißen Quellen in besonders schöner Landschaft überreichlich fließen, hat sich seit alters ein blühendes Badeleben entwickelt; so im Hakone-Gebiet bei Tokyo, in Beppu auf der südlichen Hauptinsel Kyushu und in späterer Zeit bei Noboribetsu auf Hokkaido.

Eines der größten, zugleich aber auch am schönsten gelegenen Onsen ist das **Dai-ichi Takimoto-kan** in Noboribetsu, das mit seinen 30 großen, von heißen Quellen gespeisten Becken über tausend Entspannung Suchenden zugleich Badevergnügen pur bieten kann. 55 Noboribetsu Onsen-cho, Noboribetsu 059 05, Tel. (0143) 84-2111, Fax 84-2202. Ca. 1 Std. von Sapporo mit Japan Rail (JR), vom Bahnhof 15 Min. mit JR Bus bis Noboribetsu Onsen Bus Terminal.

**Wo Kitsch und Tropenbäume blühen :** Die strenge, höchst verfeinerte Ästhetik des Zen ist die eine Seite Japans, riesige Vergnügungszentren Disneyschen Ausmaßes eine andere. Besten Anschauungsunterricht bietet das **Suginoi-Hotel** in Beppu (Kyushu): das Anwesen beherbergt zahlreiche Thermalbäder, Schwimmbäder, Verkaufsgalerien und Restaurants sowie ein riesiges Dschungelbad, bei dessen Gestaltung die Architekten ihrer Liebe zu Farben, Formen und kulturellen Zitaten ungebremst freien Raum lassen konnten. (2272 Minamitateishi, Beppu 874, Tel. 0977/24-1141, Fax 21-0010.)

# Zwischen High-Tech und Pagoden

Japan ist sicherlich eines der faszinierendsten und aus touristischer Sicht vielseitigsten Länder. Dennoch legen erstaunlicherweise viele Menschen im Westen eine gewisse Scheu an den Tag: Die fremde Kultur, die ungewohnt klingende Sprache und die rätselhaften Schriftzeichen lassen Japan als unendlich weit entfernt erscheinen.

Es gibt aber auch zahlreiche Japan-Fans, deren kaum erklärbare Liebe zum fernen Inselreich bis tief in den Alltag hinein nachwirkt: Essstäbchen und Ikebana, Haiku-Zirkel und Teezeremonie, Aikido und Zen-Meditation; nichts davon ist ihnen fremd. Die Tendenz zur schon fast kritiklosen Japan-Bewunderung erfasst darüber hinaus auch Verehrer von High-Tech und grenzenlosem Fortschritt; für sie war Japan bis in die neunziger Jahre das Eldorado technischer Innovationen und richtungsweisender Modernität.

## Lage und Landschaft

Der japanische Archipel besteht aus über 3400 z. T. unbewohnten Inseln. Er erstreckt sich vom 45. bis zum 24. nördlichen Breitengrad über 4000 km. Die große Ost-West-Ausdehnung von über 1000 km wird aus europäischer Perspektive häufig übersehen. Über 70 Prozent des Landes bestehen aus landwirtschaftlich nicht nutzbaren und für Siedlungszwecke ungeeigneten, oft wildromantischen Gebirgslandschaften mit steilen Hängen und zerklüfteten Tälern, durch die sich klare Gebirgsbäche winden. Die Bevölkerung konzentriert sich überwiegend im Großraum Tokyo und dem durch einige größere Ebenen erweiterten Küstenstreifen am Pazifischen Ozean. Demgegenüber liegen an der Westküste fast nur auf Kyushu größere Städte.

Geologisch ist Japan das Produkt eines gewaltigen erdgeschichtlichen Faltungsprozesses, der bis in die Gegenwart anhält. Häufige Erdbeben und starker Vulkanismus haben hierin ihre Ursache. Beben und Vulkanausbrüche gehören schon fast zum japanischen Alltag, haben aber selten so verheerende Auswirkungen wie das große Hanshin-Erdbeben vom 17. Januar 1995 um Kobe. Oft sind sie nur für die sensiblen Messgeräte der seismologischen Warten feststellbar. Die gefürchteten, bis zu 25 m hohen Springfluten *(tsunami)*, die durch Seebeben ausgelöst werden, sind nicht sehr häufig und bedeuten meist »nur« für die vorgelagerten Inseln eine Bedrohung.

Den größten Teil der Landmasse Japans bilden die vier Hauptinseln: Die größte ist Honshu, gefolgt von Hokkaido und Kyushu. Shikoku ist mit Abstand am kleinsten und gilt selbst für Japaner als abgelegen und hinterwäldlerisch. Seine östliche, zum Pazifik hin gelegene Inselhälfte war bis in jüngste Zeit nur äußerst schwer über kurvenreiche Bergstraßen zu erreichen.

*Hier tritt der Vulkanismus noch dampfend zu Tage*

Dafür haben sich hier die Städte und Dörfer altertümlichen Charme bewahrt, wie man ihn sonst vielleicht nur noch in den Bergen Kyushus oder an der Westseite Nord-Honshus findet. Hokkaido ist die am dünnsten und auch erst sehr spät besiedelte Insel mit riesigen, naturbelassenen Wäldern und unberührten Seen.

Im Randbereich des Staatsgebiets gab und gibt es einige umstrittene Territorien und Konfliktzonen, wie die Inselgruppe der Süd-Kurilen, die sich Russland kurz vor Kriegsende angeeignet hatte, und die Ryukyu-Inseln mit der Hauptinsel Okinawa, die von den USA erst 1972 an Japan zurückgegeben wurden. Der Verlust der an sich unbedeutenden Kurilen-Inseln ist insofern sehr schmerzlich für die Japaner, als damit auch überaus reiche Fischgründe verloren gingen. Die jüngsten Konflikte zwischen Japan einerseits und Korea und China andererseits um einige umstrittene Inseln und menschenleere Felseilande haben vor allem wirtschaftliche Gründe: Es handelt sich auch hier um viel versprechende Fischgewässer, außerdem werden dort reichhaltige Rohstofflager vermutet.

**Reiseland Japan**

Bei allen objektiven Schwierigkeiten werden leicht die einzigartigen Vorteile Japans als Reiseland übersehen: eine abwechslungsreiche, oft grandiose Landschaft, ein kulturhistorisch außergewöhnlich reiches Erbe und eine hoch entwickelte touristische Infrastruktur. Hinzu kommt eine weltweit sonst unbekannte Garantie der persönlichen Sicherheit und Geborgenheit. In Japan kann niemand und nichts verloren gehen.

## Klima und Reisezeit

Das gesamte Staatsgebiet Japans umfasst drei Klimazonen, wobei der überwiegende Teil des Landes gemäßigter bis subtropischer Natur ist. Hokkaido und Nord-Honshu haben trockene Sommer, die denen Mitteleuropas weitgehend gleichen. Das Klima des südlichen Teils von Honshu sowie Shikokus und Kyushus ist in den Sommermonaten sehr heiß und feucht und über viele Wochen von tropischem Charakter.

Der Winter zeigt Japan vollkommen verschiedenen: Vom zum Teil subarktischen Hokkaido aus zieht sich entlang der Westküste Honshus eine nach Süden zu immer schmaler werdende Zone mit reichen Schneefällen hin. Während Hokkaido und Nord-Honshu bisweilen unter mehr als drei Meter hohen Schneemassen fast versinken, bleibt der Rest des Landes davon weitgehend verschont, der Süden und Südwesten sind sogar ausgesprochen sonnig und trocken. Trotz der im Nordwesten schneereichen Winter ist Japan geografisch gesehen ein südliches Land; so liegt z. B. Sapporo auf dem gleichen Breitengrad wie Rom. Anfang Juni beginnt auf Kyushu die Regenzeit mit lang anhaltenden wolkenbruchartigen Regenfällen; diese ziehen allmählich in nördliche Richtung weiter und erreichen etwa Mitte Juli Hokkaido. Der Regen hinterlässt ein feucht-heißes Klima, das nicht nur für Europäer schwer zu ertragen ist. Die Monate Juli und August sind daher als Reisezeit wenig geeignet.

Die günstigsten Reisemonate sind April/Mai und September/Oktober. Man hat hier die Wahl zwischen der betörenden Pracht der Kirschblüte oder der überwältigenden Farbpalette der herbstlichen Wälder. Auch November und Dezember bieten sich an, allerdings sind dann die Tage schon recht kurz und die Abende ziemlich kühl.

### Klima und Reisezeit

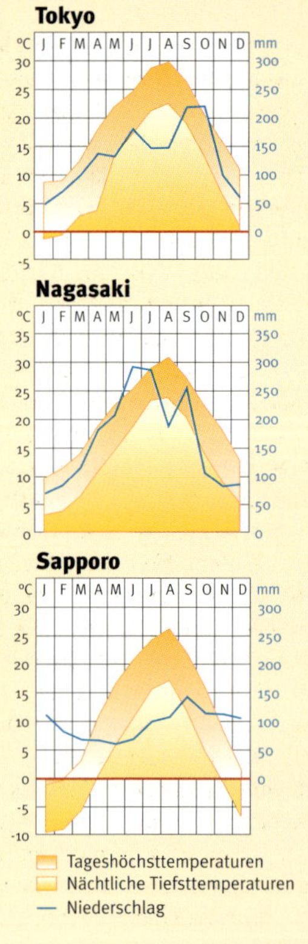


## Natur

Japan weist eine außergewöhnlich artenreiche Flora auf. So sind hier 168 Baum- (Europa: 85) und über 850 Straucharten (Europa: ca. 460) heimisch. Im Süden Honshus, auf Shikoku und Kyushu herrschen immergrüne Laubwälder, Palmen, Kamelien und zahlreiche Bambusarten vor. An Nutzpflanzen finden sich Zitrusfrüchte, Bananen, Kakibäume, Lackbäume, Tee, Zuckerrohr, Mispeln und Süßkartoffeln. Die subtropische Flora wird im Gebirge ab etwa 1500 m von sommergrünen Laub- und Mischwäldern abgelöst. Diese Mitteleuropa recht ähnliche Pflanzenwelt kommt auf Honshu in immer niedrigeren Höhenlagen vor und erreicht bei Tokyo Meereshöhe.

Hier fallen besonders die zahlreichen Ahornarten und die mächtigen japanischen Sicheltannen ins Auge, dagegen fehlen die für Kyushu typischen großen Bambuswälder, Palmen und Kamelien; dank neuer Züchtungen ist aber noch immer Reis- und Zitrusfrüchteanbau möglich.

Auf Honshu beginnt dann in etwa 1500 m Höhe die kühl-gemäßigte Klimazone, die nach Norden zu immer tiefer sinkt, bis sie im nördlichen Hokkaido schließlich die Küstenebene erreicht. Fichten, Tannen, aber auch alle in Mitteleuropa heimischen Baum- und Pflanzenarten kommen in dem milden und recht feuchten Klima Honshus und Hokkaidos in einer für europäische Verhältnisse ungewohnten Fülle vor.

Mit den klimatischen und pflanzengeografischen Gegebenheiten unterliegt auch die Fauna einer deutlichen Artenverschiebung von Süd nach Nord. Zwischen Hokkaido und Honshu verläuft die Blakiston-Linie, die die nordsibirische Fauna von der typisch japanischen trennt. Für letztere sind Kragenbären, Makaken, Ibisse und japanische Sikahirsche charakteristisch. Durch das Zusammentreffen kalter und warmer Meeresströmungen in den Gewässern um Japan ist auch dort die Fauna und Flora äußerst artenreich: Allein über 30 Wal- und eine unendliche Vielfalt an Fischarten kommen hier vor.

**Tipp** Im **Tokyo Sea Life Center** im Rinkai-Park, einem der besten Seeaquarien der Welt, erhält man einen ausgezeichneten Einblick in die Meeresfauna um Japan (JR, Bahnhof Hamamatsu-cho, Nähe Shiba-Park).

## Bevölkerung

Als erste Japaner sind die Menschen der Yayoi-Kultur anzusehen, die ab etwa 300 v. Chr. vom asiatischen Festland kommend die bis dahin weit verbreiteten Jäger und Sammler der Jomon-Kultur ablösten. Trotz weiterer Zuwanderungswellen gelang es dem Yayoi-Volk, die fremden Einflüsse rasch zu assimilieren, zu japanisieren und so eine erstaunlich einheitliche Kultur zu entwickeln. In Japan neigt man daher dazu, Rasse, Sprache und Kultur gleichzusetzen und von der Einzigartigkeit der eigenen Sprache auch auf die Einzigartigkeit der eigenen Rasse zu schließen. Auf Grund sprachlicher Eigentümlichkeiten sind jedoch zahlreiche asiatische, sibirische und ozeanische Wurzeln des Japanischen auszumachen. Zur Unterstreichung dieser disparaten Ursprünge wird häufig auf die Besonderheit der japanischen Architektur verwiesen. Sie entspricht der Bauweise in Polynesien. Heute leben in Japan u. a. rund 639 000 Koreaner, 272 000 Chinesen, 222 000 Brasilianer, 105 000 Filipinos und 43 000 Amerikaner, insgesamt nur 1 512 000 Ausländer.

## Sprache und Schrift

Das Japanische ist, wie z. B. auch das Ungarische, Finnische und Türkische, eine agglutinierende Sprache, das heißt grammatische Bezüge im Satz sowie Zeiten und Aspekte werden durch Anfügung von Endungen ausgedrückt. Ein Beispiel: chiisai = klein, chiisakunai = nicht klein, chiisakatta = war klein, chiisakunakatta = war nicht klein. Die Aussprache ist verhältnismäßig einfach. Fast alle Wörter bestehen aus zwei Silben mit klaren, offenen Vokalen und der Tendenz, »i« und vor allem »u« im Auslaut schwinden zu lassen. Zungenbrecher gibt es keine. Wortbetonung und Satzmelodie sind wenig ausgeprägt.

Je tiefer man jedoch in das Japanische vordringt, desto komplexer wird es, da die Sprache sehr stark gesellschaftlich ausgerichtet ist. Je nach Geschlecht, Stellung und sozialer Beziehung der Gesprächspartner gibt es höchst verschiedene Ausdrucksweisen, die sich in Wortschatz, Höflichkeitsprä- und -suffixen sowie grammatikalischen Besonderheiten unterscheiden. So existieren beispielsweise allein für »ich« fünf verschiedene Wörter.

### Verschwiegen, verdrängt

Früher vertrat die japanische Regierung selbst vor den Vereinten Nationen den Standpunkt, dass es in Japan keine ethnischen und sozialen Minderheiten gebe. Der Glaube an die unverbrüchliche Einheit von Land, Sprache, Kultur und Volk verdrängte die Tatsache, dass die Japaner ihr Inselreich mit einem gänzlich anderen, sibirischen Volk, den **Ainu,** als Mutterland teilen müssen. Ortsnamen, die auf die Ainu-Sprache zurückgehen, gibt es von Nord- bis nach Mitteljapan. Heute leben die rund 30 000 Vertreter dieses hellhäutigen und kleinwüchsigen Volkes jedoch nur noch auf Hokkaido. Sie sind weitgehend assimiliert, ihre Dörfer zu Touristenattraktionen verkommen.

Eine zweite, weit gewichtigere Minderheit stellen die ca. 700 000 Abkömmlinge ehemaliger koreanischer Zwangsarbeiter dar, die seit der Annexion Koreas im Jahr 1910 nach Japan gebracht worden waren. Die **Koreaner** unterliegen einer besonders drastischen Diskriminierung, werden als rassisch minderwertig betrachtet und sind daher in Ausbildung und Beruf stark benachteiligt.

Bei der größten Minderheit, den **Burakumin** (wörtlich: Dorfmenschen, auch Eta oder Hinin genannt), von denen es schätzungsweise 3 Mio. gibt, handelt es sich um echte Japaner, die aber von alters her als von der Gesellschaft abgesonderte Kaste in geschlossenen Dörfern oder Stadtbezirken leben. Sie gehörten ursprünglich Berufsgruppen an, die mit vom Buddhismus tabuisierten Berufen wie Schlachter, Gerber, Lederverarbeiter, Henker, Grabwächter oder Leichenverbrenner zu tun hatten. Alle Angehörigen dieser Minderheit unterliegen trotz entgegenstehender Gesetze rigiden sozialen und persönlichen Benachteiligungen.

Zu diesen Schwierigkeiten kommt noch die japanische Schrift. Japan übernahm Ende des 6. Jhs. mit der chinesischen Schrift ein Zeichensystem, das vollkommen ungeeignet für die Darstellung des Japanischen war. Chinesische Zeichen sind nämlich Sinnzeichen, d. h. jedes Zeichen hat eine konkrete Bedeutung. Das Japanische benötigt als agglutinierende Sprache aber eine Laut- oder Silbenschrift. So blieb nichts anderes übrig, als die chinesischen Zeichen *(kanji)* als Sinn- und Lautträger zugleich zu verwenden. Die als Silben verwendeten Kanji wurden nun im Lauf der Zeit stark vereinfacht und zu zwei reinen Lautschriften entwickelt: zu der gewöhnlich gebrauchten Hiragana-Schrift und der abstrakteren »Kursivschrift« Katakana, die zur Schreibung von Fremdwörtern sowie in der Werbung und Gastronomie gebraucht wird.

## Japanisch lateinisch?

Seit der Öffnung Japans hat es viele Versuche gegeben, Japanisch mit lateinischen Buchstaben *(romaji)* zu schreiben. International und auch in Japan selbst hat sich die Umschrift des amerikanischen Missionars Hepburn durchgesetzt. Bei der Aussprache sind lediglich zwei Grundregeln zu beachten: Die Vokale sind rein und offen wie im Italienischen, die Konsonanten werden wie im Englischen ausgesprochen. Außer bei im Westen sehr bekannten Zeitgenossen wie z. B. Kenzo Tange oder Kenzaburo Oe stehen in diesem Reiseführer – gemäß japanischem Brauch – die Nachnamen an erster Stelle.

*Beim Gion-matsuri in Kyoto werden reich verzierte Schreine durch die Straßen gefahren*

## Brauchtum und Feste

Eine Vielzahl von Festen begleitet die Japaner durch Jahreszeiten und Lebensabschnitte, wobei die shintoistischen Feierlichkeiten meist dem Diesseits – Beginn der Aussaat, Arbeit, Zeugung, Geburt, Kindheit und Jugend –, die buddhistischen mehr dem jenseitigen Leben – Alter, Tod und Vergänglichkeit – gewidmet sind (siehe S. 22 f.).

Kaum ein Tag vergeht, ohne dass irgendwo ein *matsuri*, ein Schreinfest, stattfindet. In prächtigen, farbenfrohen Festzügen, häufig mit trag- oder fahrbaren, reich verzierten Schreinen, werden die Götter *(kami)* durch die Straßen oder über die Felder geführt (s. S. 32). Das beliebteste Fest ist *Shogatsu*, Neujahr. Es lässt sich trotz der kulturellen und religiösen Unterschiede in der innigen, familiären Stimmung mit dem deutschen Weihnachtsfest vergleichen. Für drei Tage sind alle Geschäfte und Betriebe geschlossen, und eine ungewohnt feierliche Ruhe liegt über dem Land.

Ähnlich wichtig ist das *Bon-matsuri*, das Totenfest, vom 13. bis 15. Juli (mancherorts auch später). Es dient dem Gedenken und der Verehrung der Ahnen, ist jedoch viel heiterer als etwa

der westliche Totensonntag oder Allerseelen. Wer kann, reist in dieser Zeit zu dem Dorf, aus dem die väterliche Familie stammt.

Eine Vielzahl interessanter Texte über die Kultur, das Alltagsleben und die Mentalität der japanischen Bevölkerung finden Sie in dem Polyglott-Band **Land & Leute Japan.**

## Wirtschaft und Umwelt

Der Sprung aus dem wissenschaftlich-technischen Mittelalter ins Industriezeitalter erfolgte nach der Meiji-Restauration von 1868 in erstaunlich kurzer Zeit. So konnte sich Japan bereits an der Pariser Weltausstellung von 1873 beteiligen, 20 Jahre später war es zu einem wichtigen Exportland geworden. Mit dem Beginn des Korea-Kriegs (1950) gewannen Industrie und Handel nach der Niederlage im Zweiten Weltkrieg wieder an Schwung. Japan wurde als Nachschubbasis, Reparaturbetrieb und Lazarett für UNO-Truppen zum eigentlichen Kriegsgewinner.

Ähnliches wiederholte sich mit dem Vietnam-Krieg. Von 1950 bis 1970 stieg das Bruttosozialprodukt um 15, von 1971 bis 1975 noch einmal um 19 Prozent. Bis 1991 waren Zuwachsraten von über vier Prozent die Regel, danach verlangsamte sich das Wachstum dramatisch und betrug 1993 nur noch 0,1 Prozent. Seit 1998 musste Japan Jahr für Jahr ein Minuswachstum hinnehmen.

Von weltwirtschaftlichen Turbulenzen wird Japan nämlich weit stärker betroffen als Europa oder gar die USA. Das auf Harmonie und Konsens beruhende Management, das interne Reibungsverluste und grobe Fehlentscheidungen in aller Regel ausschließt, ist bei normalem Wirtschaftsverlauf äußerst effektiv, in Krisenzeiten jedoch recht unflexibel. Die Ende 1997 einsetzenden massiven staatlichen Finanzspritzen, die zu einer starken Überschuldung des Staates führten, zeigten keine langfristige Wirkung. Im Frühjahr 2001 war die höchste Staatsverschuldung seit Kriegsende erreicht.

Japan besitzt nahezu keine Rohstoffe, was bedeutet, dass das Land im internationalen Wettbewerb nur durch Verarbeitungsindustrie und Dienstleistungen bestehen kann. So erklärt sich die Konzentration auf die Fertigung hochwertiger Produkte wie Automobile, Schiffe, Computer, Unterhaltungselektronik und optische Geräte. Hierin bieten die Japaner absolute Spitzenleistungen.

Der rasante Wirtschaftsaufstieg hatte erhebliche Umweltprobleme zur Folge, die lange Zeit geleugnet wurden. Umweltkatastrophen wie die durch Schwermetalle verursachten schmerzhaften Minamata- und Itai-Itai-Krankheiten (*itai:* »es tut weh«) sowie die drastische Zunahme von Erkrankungen der Atemwege rüttelten die sich in großen Bürgerinitiativen und lokalen Widerstandsgruppen organisierende Nation auf – Japan begann mit einer weltweit beispielhaften Umweltpolitik.

*In der Tokyoter Börse*

*Rathaus von Tokyo*

## Staatsform und Verfassung

Japan hatte in den vergangenen zehn Jahren nicht weniger als acht Ministerpräsidenten. Keiner von ihnen hinterließ international einen bleibenden Eindruck. Dennoch erscheinen Japan und sein Regierungssystem äußerst stabil, seine Politik verläuft kontinuierlich, berechenbar und ruhig. Wie im alten Japan die Autorität dem Kaiser und alle Macht dem Shogun gehörte, so steuern heute die der breiteren Öffentlichkeit wenig bekannten Fraktionsführer, die »Schatten-Shogune«, den Machtapparat aus dem Hintergrund. Diese für die Mehrheitsbeschaffung wichtigen Anführer der Teilfraktionen innerhalb einer Partei werden nicht gewählt, und die Funktion, die sie innehaben, ist in keinem Gesetz festgelegt; sie existiert nur in den Köpfen und reguliert sich nach

### Steckbrief

- **Fläche:** 378 000 km²; davon entfallen auf Honshu 231 000 km², Hokkaido 83 500 km², Kyushu 42 100 km², Shikoku 18 800 km²; Gebirge 74 %
- **Höchster Berg:** Fuji-san (3776 m)
- **Bevölkerung:** 127 Mio.; 335 Einw./km²
- **Stadtbevölkerung:** 77 %
- **Großstädte:** Yokohama (3,4 Mio. Einw.), Osaka (2,6 Mio. Einw.), Nagoya (2,17 Mio. Einw.), Sapporo (1,81 Mio. Einw.), Kobe (1,5 Mio. Einw.), Kyoto (1,46 Mio. Einw.), Fukuoka (1,33 Mio. Einw.), Hiroshima (1,1 Mio. Einw.)
- **Hauptstadt:** Tokyo mit 8 Mio. Einw.; Präfektur 11 Mio. Einw.
- **Wirtschaft:** Primärindustrie 1,7 %, Verarbeitende Industrie 32 %, Dienstleistungen 65 %

konfuzianischen Prinzipien, die für den Erhalt der Hierarchie sorgen, sich aber parlamentarischer Kontrolle entziehen. Dass der Inselstaat trotz dieser politischen Führungsschwäche so erfolgreich ist, verdankt er seiner effizienten Bürokratie, wo namentlich im mächtigen Technologie-Ministerium (MITI) die fähigsten Köpfe versammelt sind. Das MITI trägt Sorge dafür, dass Regierung und Parlament die notwendigen Schritte in der Finanz-, Steuer- und Außenpolitik sowie in der Gesetzgebung tun, um die »Firma Japan« prosperieren zu lassen.

Formal gesehen ist Japan eine Demokratie. Das Kaiserhaus blieb zwar nach der Niederlage »als Symbol des Staates und der Einheit des Volkes« bestehen, sein Einfluss wurde jedoch auf ein Minimum reduziert, und die ehemals fanatische Kaiserverehrung ist einer eher unsentimentalen Gleichgültigkeit gewichen. Die anfangs als unjapanisch und aufgezwungen empfundene Verfassung nach westlich demokratischem Muster, die am 3. Mai 1947 in Kraft trat, wird inzwischen allgemein akzeptiert, zumal sie stark assimiliert wurde.

## Tokugawa Ieyasu – die Perfektion der Macht

In der Muromachi-Periode nahmen Macht und Unabhängigkeit der Provinzfürsten (Daimyo) stetig zu. Auf diese Weise konnte die hoch entwickelte Feudalkultur zwar bis in die entlegensten Provinzen vordringen, dafür kam es aber zu Machtkämpfen sowie zu Aufständen der ausgebeuteten Bauern.

Zu dieser Zeit begann ein blühender Handel mit den asiatischen Nachbarn, der großen Reichtum in die neuen Handelsstädte, vor allem nach Osaka, brachte. Während sich die Fürsten blutig bekriegten, erreichte die bürgerliche Kultur in den Städten eine beispiellose Blüte. Erst den drei großen Heerführern Oda Nobunaga, Toyotomi Hideyoshi und Tokugawa Ieyasu gelang es, die abtrünnigen Provinzfürsten niederzuringen. Zur Befriedung des Landes ließ Hideyoshi mächtige Burgen errichten. In der entscheidenden Schlacht von Sekigahara (1600) unterwarf Ieyasu dann die letzten aufsässigen Daimyo. Verbündete bekamen ihre Fürstentümer als Lehen, wobei man diejenigen ehemaliger Feinde stets mit Gebieten getreuer Daimyo umgab. Um die Provinzfürsten wirtschaftlich zu schwächen, wurden sie auch gezwungen, aufwendige Residenzen in Edo, dem Sitz der Tokugawa, zu unterhalten und dort jedes zweite Jahr getrennt von ihren Familien zu residieren.

Schließlich etablierte Ieyasu zur Sicherung seiner Macht ein Überwachungssystem, das die gesamte Bevölkerung reglementierte. Seine staatliche Kontrolle betraf alle Lebensbereiche – bis hin zu einer strikten Kleiderordnung. Um sein Regime nicht durch äußere Einflüsse zu gefährden, schloss Ieyasu das Land völlig ab. So gelang es ihm und seinen Nachfolgern, die Herrschaft der Tokugawa-Familie für 250 Jahre zu festigen – was jedoch nicht bedeutete, dass Japan nun in Harmonie lebte.

## Geschichte im Überblick

**5000–250 v. Chr.** Jomon-Kultur.
**250 v. Chr.–300 n. Chr.** Yayoi-Kultur und Beginn der eigentlichen Geschichte Japans.

**Kofun-Kultur (300–710)**
**6. Jh.** Der Familienclan aus der Yamato-Ebene setzt sich als Zentralgewalt durch.
**552** Einführung von Buddhismus und chinesischer Schrift.
**574–622** Prinzregent Shotokutaishi organisiert den jungen Staat nach chinesischem Vorbild.
**645** Vollendung der von Shotokutaishi begonnenen Taika-Reform: Der Buddhismus wird zur Staatsreligion, der Konfuzianismus zur Staatsphilosophie; Einführung der kaiserlichen Zentralgewalt, eines Steuerwesens sowie des Schulsystems; Organisation der lokalen Verwaltung durch neu gegründete buddhistische Klöster.

**Nara-Periode (710–782)**
**710** Nara wird Reichshauptstadt; Beginn der kulturellen Blüte unter chinesischem Einfluss.

**Heian-Periode (794–1192)**
794 Verlegung des Hofs nach Heian-kyo (Kyoto); Befreiung vom chinesischen und koreanischen Einfluss.

**Kamakura-Periode (1192–1338)**
**1192** Die Militärregierung der Fujiwara entzieht sich dem höfischen Luxusleben Kyotos und regiert von Kamakura aus; Festschreibung der Samurai-Ethik.
**1274/1281** Erfolgreiche Abwehr der Mongoleneinfälle.

**Muromachi-Periode (1338–1568)**
**1338** Zerfall der Zentralgewalt (Bürgerkriege) aufgrund der schwächlichen Herrschaft der Ashikaga-Shogune und Machtzunahme der lokalen Fürsten (Daimyo); Blüte von Handwerk und Handel.
**1542** Landung der Portugiesen.
**1549** Beginnende Missionierung durch Francisco Xavier.

**Azuchi-Momoyama-Periode (1568–1600)**
**1560–1600** Die Heerführer Oda, Toyotomi und Tokugawa bekämpfen die aufrührerischen Daimyo und Mönchsorden; Neuordnung des Landes.

**Edo-(Tokugawa-)Periode (1600–1868)**
**1600** Schlacht bei Sekigahara; endgültiger Sieg Tokugawas; Hauptstadt wird Edo (Tokyo); Errichtung eines strikten Überwachungsstaats mit völliger Abschließung nach außen; Verbot des Christentums.
**1853** Commodore Perry erzwingt die Öffnung Japans für amerikanische Handelsschiffe.

**Meiji-Periode (1868–1912)**
**1868** Absetzung des letzten Tokugawa-Shoguns und Wiederherstellung der kaiserlichen Macht; Verlegung der Residenz nach Edo, das von nun an Tokyo (»östliche Hauptstadt«) heißt; Industrialisierung.
**1889** Erste Verfassung für Japan; Garantie der Religionsfreiheit.
**1910** Annexion Koreas.

## Geschichte im Überblick

**Taisho-Showa-Zeit (ab 1912)**

**1914–1918** Erster Weltkrieg, Japans Aufstieg zur Wirtschaftsmacht beginnt.

**1923** Zerstörung des alten Edo durch ein Erdbeben.

**1931–1936** Zunahme der Macht des Militärs während der Wirtschaftsdepression.

**1940** Dreimächtepakt Japan, Deutschland und Italien.

**1941** Nichtangriffspakt mit der Sowjetunion. Angriff auf Pearl Harbor; Beginn des Pazifischen Eroberungskriegs.

**1945** Kapitulation nach Atombombenabwurf auf Hiroshima (6. Aug.) und Nagasaki (9. Aug.).

**1946** Japan wird konstitutionelle Monarchie; Einführung des Frauenwahlrechts.

**1993** Ministerpräsident Hosokawa spricht den Völkern Asiens offiziell sein Bedauern bezüglich der Rolle Japans im Zweiten Weltkrieg aus.

**1995/96** Selbstbewusstsein, Zukunfts- und Technikgläubigkeit der Japaner werden durch die Wirtschaftskrise, das Erdbeben von Kobe sowie die Giftgasanschläge der Aum-Shin-Rikyo-Sekte stark erschüttert.

**1997** Das Bruttosozialprodukt sinkt kontinuierlich, die Zahl der Firmenzusammenbrüche steigt.

**2001** Die Staatsverschuldung erreicht den höchsten Stand seit Kriegsende. Ministerpräsident Mori muss sein Amt an den erklärten Reformer Koizumi, der Staat und Wirtschaft grundlegend zu erneuern verspricht, abtreten.

# Religion

Japan ist in religiösen Fragen ein sehr tolerantes Land. So gehören fast alle Japaner sowohl dem Shintoismus wie einer der zahlreichen buddhistischen Glaubensgemeinschaften an. Dass die große Spanne zwischen Geburt und Tod, nämlich das tätige Leben in der Gesellschaft, von einer dritten ethisch-religiösen Kraft, nämlich dem Konfuzianismus, geprägt ist, wird im Ausland oft übersehen.

## Shinto

Die ursprünglichste Religion Japans ist Shinto, der »Weg der Götter«. Im Mittelpunkt steht ein Schöpfungsmythos, der die Entstehung der Welt und die Abstammung des Kaiserhauses unmittelbar von der Sonnengöttin Amaterasu ableitet. Amaterasu ist die Tochter des Urgötterpaares Izanagi und Izanami, welche die japanischen Inseln und die übrigen Hauptgötter – Susanoo, den Sturmgott, und Tsukiyomi, den Mondgott – schufen. Die Sonnengöttin beauftragte dann ihren Enkel Ninigi und dessen Nachkommen, Japan in alle Ewigkeit zu regieren, und übergab ihm die noch heute im Ise-Schrein aufbewahrten Reichsinsignien, Schwert, Juwel und Spiegel. Ninigis Urenkel wiederum, Jimmu-tenno, eroberte dem Mythos zufolge von Kyushu aus das Yamato-Reich und gründete im Jahr 660 v. Chr. das japanische Kaiserreich.

Bestandteile des Shinto sind der Ahnenkult, ferner eine umfassende Naturverehrung, in der Berge, Flüsse, Felsen, einzelne Bäume oder sonstige in der Natur auffällige Erscheinungen zu Gottheiten *(kami)* werden können. Solche geheiligten Objekte und

*Shinto-Priester*

Orte werden mit einem aus Reisstroh geflochtenen und mit weißen Papierfahnen verzierten Tabuseil gekennzeichnet.

Unter den Shinto-Gottheiten darf man sich keine mit Allmacht und Allwissenheit ausgestatten Götter wie in den monotheistischen Religionen vorstellen. Sie repräsentieren vielmehr heilende und helfende, aber auch zerstörende Kräfte der Natur. Somit sind sie keine jenseitigen, außerweltlichen Wesen, sondern in der Natur verwurzelte und dort wirkende Mächte. Ihre Aufmerksamkeit kann man durch zweimaliges Händeklatschen vor dem Schrein auf sich ziehen; Opfer und rituelle Handlungen stimmen die Götter günstig.

## Buddhismus

Dem im Diesseits verwurzelten Shinto setzt der Buddhismus ein polares Weltbild entgegen. Er unterscheidet zwei Seinsbereiche: die Welt der Begierden sowie die Welt der reinen Formen und Nicht-Formen, das Nirwana,

*Sitzender Buddha*

in dem es keine Begierden und damit auch keine Leiden mehr gibt. Im Bereich der Begierden werden alle guten und bösen Taten in einer Art Bilanz zusammengetragen, die sich als »Karma« auf das künftige Leben nach Tod und Wiedergeburt auswirkt. Dieser Kreislauf wiederholt sich, bis das Karma aller bisherigen Existenzformen abgetragen ist und der Geläuterte ins Nirwana gerät.

Der Buddhismus erlegte es ursprünglich dem Einzelnen selbst auf, den Weg zur Erlösung durch Askese

### Ökumene auf Japanisch

Pragmatisch, wie man in Japan in vielen Dingen verfährt, hat man die beiden anfangs konkurrierenden Religionen kurzerhand unterschiedlichen Bereichen zugeordnet: den Shinto dem Leben, den Buddhismus dem Tod. Dementsprechend werden Taufen gern nach shintoistischem Ritus abgehalten, Beerdigungen nach buddhistischem.

und Meditation zu finden, was quasi den Eintritt in den Mönchsstand oder die Existenzform eines meditierenden Yogi voraussetzt. Diese als »Kleiner Wagen« *(Hinayana)* bezeichnete Lehre konnte als Volksreligion nicht populär werden und spielt heute kaum noch eine Rolle. So bildete sich bald der »Große Wagen« *(Mahayana)* heraus. Hier werden die verschiedenen Inkarnationen Buddhas zu überirdischen Gottheiten, die von der himmlischen Welt aus helfend ins irdische Jammertal eingreifen. Damit ist das Individuum von den entbehrungsreichen und zeitraubenden Formen der Askese und Meditation befreit und kann, ohne der Hoffnung auf Erlösung entsagen zu müssen, aktiv im praktischen Leben tätig sein. Zusätzlich helfen ihm Bodhisattvas (jap. *Bosatsu*), bereits Erleuchtete, die freiwillig auf ihre schon erreichte Buddhaschaft verzichten, um schwächeren Menschen auf dem Weg zur Erleuchtung beizustehen, bis alle erlöst sind.

## Glossar

| | |
|---|---|
| Amida | Buddha des Lichts und der Gnade |
| -bashi | Brücke |
| Bodhisattva | (jap. Bosatsu) Erleuchteter, der auf die Buddhaschaft verzichtet, um anderen zur Erleuchtung zu verhelfen |
| Butsu | japan. für Buddha |
| Daruma | Begründer des Zen-Buddhismus |
| -den | Halle |
| -dera/-tera | Tempel |
| -dori | Straße |
| -en | Garten |
| Hachiman | Kriegsgott |
| Haiden | Gebetshalle eines Schreins |
| Honden | Haupthalle eines Schreins |
| -in, -ji | Tempel, Kloster |
| -jingu/jinja | Schrein |
| Jizo-bosatsu | Schutzgott der Reisenden und Kinder |
| Kagura | shint. Ritualtanz |
| Kannon | Bodhisattva der Gnade im Amida-Buddhismus |
| Karma | Summe aller Taten, Schicksal |
| Kodo | shint. Halle für Ansprachen |
| Kondo | Haupthalle eines Tempels mit den Buddha-Statuen |
| Matsuri | shint. Kultfest mit Umzügen |
| -miya | Schrein |
| -mon | Tor |
| Sabi | Schönheitsideal der Würde des Alten, Patina |
| Satori | Erleuchtung |
| Shaka | (auch Shakyamuni) historischer Buddha |
| Sutra | richtungsweisende buddhistische Schrift |
| -to | Pagode, Aufbewahrungsort der Reliquien und Symbol der Weltachse |
| Torii | Eingangstor zum Schrein |
| Wabi | Schönheitsideal des Sich-Selbst-Genügens, der Einfachheit |
| Yakushi | heilender Buddha |

*Zen-Garten im Ryoanji-Tempel in Kyoto*

*Zen-Meister*

## Vielfalt der Sekten

In Japan bildeten sich im Lauf der Jahrhunderte zahlreiche Sekten heraus, die heute alle nebeneinander existieren. Im **Tendai-Buddhismus** mischen sich esoterische Elemente (geheime Formeln und Rituale) mit volkstümlichen Heilslehren, während der **Shingon-Buddhismus** eher eine asketische Geheimlehre mit ausgeprägten religiösen Zeremonien darstellt. Am populärsten ist der **Jodo-Buddhismus** (*jodo:* Paradies des Reinen Landes), der Erlösung allein durch die Anrufung des gnadenreichen Amida-Buddha verspricht.

Die mit über 30 Mio. Anhängern größte Richtung ist die 1253 gegründete **Nichiren-Sekte,** die einen gewissen Ausschließlichkeitsanspruch mit nationalistischen Tendenzen vertritt. Aus ihr ging 1930 die Laienbewegung »Soka-gakkai« (Wertschaffende Gesellschaft) hervor, die durch religiösen Fanatismus, politisches Engagement (Komeito-Partei) und rassistische Töne aus dem sonst friedfertigen Rahmen buddhistischer Sekten herausfällt.

## Zen

Ganz anderer Art ist der **Zen-Buddhismus** mit seinen zwei wichtigsten Sekten **Rinzai** und **Soto.** Hier steht die Erleuchtung *(satori)* des Einzelnen im Mittelpunkt, die allein durch Meditation, insbesondere durch im Sitzen geübte Versenkung *(zazen),* erlangt werden kann. Gebete und das Studium der Sutren spielen eine untergeordnete (Soto) bzw. gar keine Rolle (Rinzai).

Von Bedeutung ist die direkte Vermittlung der Lehre durch den Zen-Meister, der mithilfe paradoxer Fragen *(koan)* das – vermeintlich – logische Denken seines Schülers erschüttert und damit dessen Bindung an die falsche Welt der Begierden und des Leids zu lösen sucht. Durch seine asketische Ausrichtung, harte Willensschulung und Konzentration auf das Wesentliche übte Zen eine große Anziehungskraft auf die Samurai-Kaste aus und beeinflusst die ästhetisch-kulturelle Entwicklung Japans bis heute nachhaltig.

**Tipp** Die religiöse Toleranz der Japaner kennt – außer an besonders gekennzeichneten Orten – kein Fotografierverbot. Dennoch ist eine gewisse Zurückhaltung an geweihten Orte angebracht.

## Konfuzianismus

Die Lehren des chinesischen Philosophen Konfuzius (551–479 v. Chr.) treten öffentlich nahezu nicht in Erscheinung, prägten das japanische Denken jedoch fundamental; Ethik, Staatslehre und Regeln des alltäglichen Handelns sind von diesem Geist geformt. Kern dieser Lehre ist die Übertragung kosmischer Beziehungen auf Familie, Gesellschaft und Staat. Das Verhältnis zwischen Herrscher und Untertan, Vater und Sohn, Mann und Frau, älterem Bruder und jüngerem Bruder oder auch Freund und Freund entspricht dem der Sonne zum Mond und den übrigen Gestirnen. Es beruht auf strenger Über- bzw. Unterordnung, die durch strikte Loyalität gesichert wird. Oberstes Ziel aller Bestrebungen ist die Herstellung und Erhaltung der Harmonie, die auf Erden ein Abbild des Kosmos ist.

## Christentum und religiöse Bewegungen

Das **Christentum** ist in Japan kaum relevant; der Anteil bekennender Christen liegt wenig über einem Prozent. Kaum größer ist die Anhängerschaft der z. T. skurrilen neuen Sekten und **religiösen Bewegungen,** die durch ihr oft auffälliges, ja schrilles Gebaren stärker ans Licht der Öffentlichkeit treten, als es ihrer Bedeutung entspricht – man denke nur an die mörderischen Exzesse der Aum-Shin-Rikyo-Sekte (Erhabene Wahrheit). Gefördert durch den zunehmenden Werteverfall nach dem Krieg versuchen diese Gruppierungen, mit einfachen Antworten und rigiden Methoden fanatisierte Anhänger um sich zu scharen. Hier findet sich nur noch wenig von der für Japan so typischen religiösen Toleranz.

# Kultur gestern und heute

Am Beginn der kulturellen Entwicklung Japans standen chinesische und koreanische Lehrmeister, die ab dem 6. Jh. gezielt ins Land gerufen wurden. Prinzregent Shotoku (574–622) ließ alles, was sich bis dahin an einheimischer Kultur entwickelt hatte oder aus China und Korea gekommen war, zusammenfassen und auf die Gegebenheiten des japanischen Staates ausrichten. In der Heian-Zeit erlebte Japan nach seiner rigorosen Abschottung eine erste kulturelle Blütezeit.

Mit der Loslösung der Kriegerkaste vom höfisch-verfeinerten Leben Kyotos in der Kamakura-Periode entwickelte sich eine neue ritterliche Kultur mit einem eigenen Stil, der bis heute als typisch japanisch gilt. Diese Samurai-Kultur ist geprägt von strenger Einfachheit, Selbstzucht, konfuzianischer Ethik, Todesverachtung und Zen-Meditation; in ihrem Zentrum stehen die Teezeremonie und damit gepaart ein Kunstbegriff, der sehr viel weiter gefasst ist als im Westen. Alles, was zur Teezeremonie gehört, ist auch Gegenstand künstlerischen Strebens: Keramik, Tuschmalerei, Ikebana, Lackarbeit, Architektur und Innenarchitektur, Textilkunst, Landschaftsgärtnerei und vieles andere, das im Westen als Kunsthandwerk bezeichnet wird.

Beide Traditionen, die chinesisch beeinflusste höfische und die vom Zen geprägte streng japanische Kultur, blieben parallel zueinander über Jahrhunderte hinweg lebendig und veränderten sich dabei wenig. Im japanischen Kunstverständnis ist für den Schüler die perfekte Nachahmung wichtiger als die Abkehr vom Meister hin zu neuen, eigenen Wegen. Mit der

*No-Theater*

Öffnung Japans 1868 gewann auch die westliche Kunst zunehmend an Einfluss, so dass in Japan alle Stile und Kunstrichtungen der östlichen und westlichen Welt vertreten sind.

## Traditionelles Theater

Japan besitzt eine sehr alte und hochartifizielle Theaterkultur. Die älteste Form ist das **No-Theater,** das aus verschiedenen volkstümlichen Spieltraditionen von Zeami (1363–1443) als Gesamtkunstwerk aus Tanz, Musik, Sprache und Gesang geschaffen wurde. Unter dem Einfluss der höfischen Gesellschaft, die No ausschließlich zu ihrer eigenen Unterhaltung bestimmte, entwickelte es sich zu der noch heute gepflegten hochstilisierten Spielform, in der nicht die Natürlichkeit der Darstellung das Ziel ist, sondern die symbolische Repräsentation: gemessene stilisierte Bewegun-

### Chado, der Weg des Tees

Zahlreiche traditionelle Sport- und Kunstübungen Japans sind eng mit dem Begriff des Wegs verbunden. Gemeint ist damit, dass diese Künste einen Weg zur Selbstfindung darstellen und zur Harmonie bis hin zum Einswerden mit dem Kosmos. Sen-no-Rikyu (1521 bis 1591), der Teemeister Nobunagas und Hideyoshis, schuf die klassisch-strenge, noch heute gültige Form des Chado als vollendetes Gesamtkunstwerk. Danach findet die Teezeremonie in einem kleinen, schlichten und dennoch edel gestalteten Raum (4,5 Tatami-Matten, also ca. 7,3 m²) statt. Die Geräte – Teebehälter, Teekessel, Wasserbehälter, Teebesen, Teelöffel und Teeschale – sind von erlesener, zeitloser Schlichtheit, entsprechend der Grundhaltung des *Wabi,* des Sich-Selbst-Genügens, und des *Sabi,* das dem traditionellen Schönheitsideal von Einsamkeit, Verlassenheit, Rost und Patina entspricht. Bereits auf dem Weg zum Teeraum lässt man alles Unwesentliche zurück und findet in Gemeinschaft mit den fünf geladenen Gästen zu innerer Vollendung und zum wahren Selbst. Der Tee wird nach einer Zeremonie mit anmutigen, sparsamen Bewegungen zubereitet, die Teeschale zunächst dem Ehrengast, dann allen anderen gereicht. Während der schaumig geschlagene Tee ruhig und gemessen genossen wird, hat man Zeit für die aufmerksame Betrachtung der Teegeräte, des Rollbilds und des Blumenarrangements. Ein all dies begleitendes, zwangloses Gespräch über Kunst und Schönheit machen die Teezeremonie gerade in der Hektik der modernen Industrie- und Konsumgesellschaft zu einer Ruhe, Kraft und Besinnung spendenden Quelle des Wohlbefindens.

gen, typisierende Masken, ein die Handlung kommentierender Chor, Orchester und Tanz. Alles ist auf Andeutung, Sparsamkeit der Mittel und Abstraktion ausgerichtet. Emotionen werden lediglich durch symbolische Gesten ausgedrückt, auf Dekoration wird fast völlig verzichtet.

Die Pracht der kostbaren Gewänder, die Präzision der Musiker, die absolute Beherrschung jeder Bewegung und Geste machen eine No-Aufführung auch für denjenigen zu einem großen Erlebnis, der dem Gang der Handlung nicht genau folgen kann.

Das **Bunraku-Puppenspiel** und das revueartige **Kabuki-Theater** sind Theaterformen des Bürgertums. Die Stücke handeln meist von kriegerischen Ereignissen oder tragischen persönlichen Konflikten. Sie sind im Gegensatz zum No emotionsgeladen, expressiv, oft laut und voller darstellerischer und bühnentechnischer Überraschungen, die jeden Besucher in ihren Bann ziehen.

**Tipp** Die beste Möglichkeit, Bunraku-Theater zu erleben, bietet in Tokyo das **Nationaltheater** (Kokuritsu Gekijo), 4-1, Hayatocho, Chiyoda-ku. Auskunft (in Englisch): Tel. 3265-7411.

## Literatur

Eine fremde Kultur öffnet sich dem interessierten Fremden auf direktem Wege über die Literatur. Dem westlichen Leser ist der Zugang jedoch durch die spezifischen japanischen Denk- und Verhaltensstrukturen erschwert. Da sich das Leben in Japan in einem geschlossenen, festgelegten Rahmen abspielt, in dem alles seine Ordnung hat, bleibt vieles, was in der westlichen Literatur detailliert ausgeführt wird, unausgesprochen.

Japan besitzt eine reiche Literaturtradition, die bis weit ins 8. Jh. zurück reicht. Für den westlichen Leser wird aber wohl erst die frühe höfische Literatur von Interesse sein, die in der »Geschichte des Prinzen Genji« der Hofdame **Murasaki Shikibu** (um 1000) ihre erste, glanzvolle Blüte erreicht. Dieser Roman beschreibt sehr lebendig und anschaulich die höfische Welt der glanzvollen Heian-Zeit. Erstaunlich ist der hohe Autorinnenanteil schon in der frühen japanischen Literatur, wie sie in zahlreichen, für die japanische Literatur bis heute typischen, fiktiven Tagebüchern, etwa dem Kopfkissenbuch der **Sei Shonagon** (um 1000) überliefert ist.

Mit dem Erstarken des Bürgertums im 16. und 17. Jh. entwickelte sich eine umfangreiche Unterhaltungsliteratur, deren Höhepunkt die lebensfrohen Sittengemälde des **Ihara Saitaku** (1642–1693) darstellen. Mit **Chikamatsu Monzaemon** (1653–1724) erhielt nicht nur das Bunraku- und Kabuki-Theater seinen bedeutendsten Autor, sondern zugleich die Weltliteratur einen ihrer größten Dramatiker.

Mit der Öffnung zum Westen erfuhr die japanische Literatur eine grundlegende Wandlung. **Mori Ogai** (1862 bis 1922), ein in Deutschland ausgebildeter Arzt, machte seine Zeitgenossen durch zahlreiche Übersetzungen mit der europäischen Literatur vertraut und schuf mit seinen subjektiven, psychologisierenden Werken die neue Form des Ich-Romans. **Natsume Soseki** (1867–1916), **Akutagawa Ryunosuke** (1892–1927), **Shimazaki Toson** (1872–1943) und andere gingen auf diesem Wege weiter.

Eine neue, eigenständige Literatur, die häufig ihre Motive aus der Auseinandersetzung zwischen östlicher und westlicher Kultur bezieht, schufen die großen Romanciers **Tanizaki Junichiro**

(1886–1965), **Kawabata Yasunari** (1899–1972) und **Inoue Yasushi** (1907–1998). **Mishima Yukio** (1925 bis 1970) ist wegen seines wirren Umsturzversuchs mit anschließendem rituellen Selbstmord vor laufender Kamera ins Zwielicht geraten, wodurch auch sein bedeutendes Werk zu Unrecht fast verdrängt wurde. Sein Romanzyklus »Meer der Fruchtbarkeit« gibt ein grandioses Spiegelbild Japans seit der Meiji-Reform wider.

Die großen Romane und Erzählungen der Schriftstellerinnen **Enchi Fumiko** (1905–1986), **Kono Taeko** (geb. 1926) und **Sata Ineko** (1904–1980) beleuchten kritisch die gesellschaftlichen Verhältnisse und insbesondere die schwierige Rolle der Frau in einer von Männern bestimmten Welt. **Endo Shusaku** (geb. 1923) und **Ooka Shohei** (1909–1988) thematisieren schonungslos die noch immer stark tabuisierten Gräueltaten der japanischen Eroberungsfeldzüge. Mit **Kenzaburo Oe** (geb. 1935) wurde zu Recht einer der großen Schriftsteller mit dem Nobelpreis ausgezeichnet. Unter den jüngeren Autoren Japans ist **Murakami Haruki** (geb. 1949) mit seinen Romanen in Europa ebenso bekannt wie die Pop-Autorin **Banana Yoshimoto** (geb. 1964), deren schrille Erzählungen weltweit Kultstatus erlangten.

Eine gute Auswahl klassischer und zeitgenössischer japanischer Literatur findet man in der »Japanischen Bibliothek – Japanische Literatur« bei Suhrkamp/Insel.

## Land der Lyriker

Das Haiku, bestehend aus drei Zeilen zu fünf, sieben und fünf Silben, ist die wohl verbreitetste japanische Gedichtform. Zu ihren Meistern zählen Matsuo Basho (1644–1694), Yosa Buson (1716 bis 1783) und Kobayashi Issa (1763 bis 1783). Alljährlich nehmen auch heute Zehntausende von Japanern am kaiserlichen Haiku-Wettbewerb teil. Ein Haiku entsteht durch die Unmittelbarkeit sanfter Überraschung beim Anblick einfacher Dinge. Es strebt nicht nach Schönheit, sondern zielt einzig und allein auf die wahre Natur einer Sache, etwa eines Baumes, einer Jahreszeit oder eines Gemütszustands. Seine enge Verwandtschaft mit der Tuschmalerei ist offensichtlich; beide zielen durch Konzentration und Reduktion auf das Wesentliche.

Ein berühmtes Haiku von Basho lautet:

| | |
|---|---|
| *Furuike ya* | *Der alte Teich* |
| *kawazu tobikomu* | *Ein Frosch springt* |
| *mizu no oto* | *Das Geräusch des Wassers* |

Die zeitlose Stille des alten Teichs wird durch das Aufplatschen eines Frosches unterbrochen (sanfte Überraschung). Teich, Frosch und Garten rücken ins Bewusstsein. Das Verklingen des Geräuschs macht die Stille erst wahrnehmbar, das Verebben der Wellen zeigt die Begrenztheit von Zeit und Raum. So wird die Vergänglichkeit aller Dinge sinnlich erfahrbar. Eine Ahnung dessen, was im Zen *Satori*, Erleuchtung, bedeutet, kann man in diesem Haiku spüren.

*Gagaku (Hofmusik) ist meist beim Bugaku, dem Hoftanz, zu hören*

## Musik

Wo immer durch Töne eine typisch japanische Atmosphäre geschaffen werden soll, lässt man die Bambusflöte *(shakuhachi)* und das dreisaitige, banjoartige *Shamisen* erklingen. Beide geben mit ihren herben, asketischen Klängen am besten das für alle Zen-Künste so wesentliche Gefühl von *Wabi* und *Sabi* (s. S. 24) wieder. Wie gefühlsintensiv, ja ekstatisch das Shamisen gespielt werden kann, erlebt man bei einer Bunraku-Aufführung (s. S. 28), wo der Shamisen-Virtuose seinen drei Saiten den Ausdruck von Liebe, Schmerz, Verzweiflung, Wut und Glück entlockt. Ähnlich ausdrucksstark kann die 13-saitige japanische Harfe *(koto)* gespielt werden. Diese drei typischen Instrumente stammen wie auch die auf ihnen gespielte Musik aus dem 16. Jh.

Weit älter und gänzlich anders instrumentiert ist die strenge, mittelalterliche Hofmusik, **Gagaku** (in Verbindung mit Hoftanz *Bugaku*) mit Mundorgeln, Flöten und zahlreichen Trommeln. Die älteste japanische Musiktradition ist shintoistischen Ursprungs: **Kagura** ist mit würdevoll-ernsten Ritualtänzen verbunden und wird noch heute unverändert in den großen Schreinen des Landes aufgeführt.

Seit dem späten 18. Jh. erstarrte die japanische Musiktradition und erfuhr erst wieder mit der Öffnung des Landes eine fruchtbare Erneuerung. Heute bietet Japan ein sehr lebendiges Musikleben, in welchem alle Sparten der westlichen Musik reich und in perfekter Realisation vertreten sind. Eine Reihe bedeutender japanischer Komponisten trug wesentlich zur Bereicherung der zeitgenössischen Musik bei.

## Tanz

Der Tanz spielt v. a. im shintoistischen Kult *(Kagura)* sowie im No- und Kabuki-Theater (s. S. 27 f.) eine große Rolle. So haben alle größeren Schreine eine Tanzbühne, aus der sich Ende des 14. Jhs. die No-Bühne entwickelte. Die traditionellen Tänze Japans unterliegen genau festgelegten Formen und enthalten viele standardisierte symbolische Gesten und Bewegungsabläufe, ohne deren Kenntnis die Darbietung schwer verständlich ist. So kann sich der Unkundige oft nur an den prächtigen Gewändern und der rhythmischen Musik erfreuen.

Geradezu als Gegenbewegung zur Tradition entwickelte sich in den 1950er Jahren der **Buto-Tanz,** der seither weit über Japan hinaus Aufsehen erregt: Expressivität, Trance, Bemalung des ganzen Körpers, Nacktheit und die Suche nach Grenzerfahrungen lassen eine Seite Japans spüren, die weit entfernt ist von Zen und Konfuzianismus.

## Malerei

Mit dem Buddhismus kam die chinesische **Sakralmalerei** *(kanga)* nach Japan, neben der sich schon früh eine eigenständige japanische Malerei *(yamato-e)* entwickelte. Diese ist im Gegensatz zu der farbenfrohen, detail- und schmuckorientierten Kunst Chinas auf die Linie als Grundelement konzentriert. In der auf das Wesentliche reduzierten **Tuschmalerei** findet dieser Stil seine Vollendung: Leer gehaltene Flächen und im malerischen Untergrund sich verlierende Linien regen den Betrachter an, das Bild in der eigenen Vorstellung zu vollenden. Häufig sind solche Bilder mit Schrift versehen, die jedoch auch als kunstvolle **Kalligraphie** zum eigenständigen Kunstwerk werden kann. Eine ins Illustrative und Farbige geführte Enwicklung stellen die *Emaki* dar, erzählende Bilder (oft Illustrationen von Dichtungen), die durch elegant-strenge Linienführung, zarte Farbgebung und das fließende Einfügen kunstvoll geschriebener Texte gekennzeichnet sind. Da die Wahl der Bilder durch die Jahreszeit oder einen besonderen Anlass (z. B. Teezeremonie) bestimmt ist, hat man von China das System der **Rollbilder** übernommen; diese lassen sich leicht und Platz sparend für die nächste Gelegenheit aufbewahren.

Ende des 17. Jhs. wurde das Repertoire durch den **Farbholzschnitt** erweitert. Er diente zunächst als Massenmedium zur Illustration alltäglicher Vorkommnisse und der Berichterstattung über das Zeitgeschehen. Durch Meister wie **Harunobu** (1727–1770), **Utamaro** (1753–1806), **Hokusai** (1760 bis 1849) und **Hiroshige** (1797–1858) wurde die Gebrauchsgrafik zur Kunst, die europäische Maler stark beeinflusste (Degas, Gaugin, Klimt, Manet, Munch, Toulouse-Lautrec u. a.).

*Maler in seinem Atelier*

Originale und preiswerte nachgedruckte Holzschnitte findet man in Tokyo bei **Sakai Kokodo** (gegenüber Imperial Hotel; Ⓤ Hibiya).

## Architektur

Der eigenständige japanische Bautyp ist der Holzpfahlbau, wie er auch in Polynesien anzutreffen ist. Er hat sich bis heute in der Schreinarchitektur, der traditionellen Bauweise des Bauernhauses und z. T. beim privaten Wohnhaus erhalten. Alle Gebäude ruhen auf frei stehenden Pfählen, die leichten Wände sind in eine Balkenkonstruktion lose und gegenseitig verschiebbar eingepasst. Charakteristisch ist ferner, dass bei großen Anlagen auf äußere architektonische Symmetrie zugunsten von Übereinstimmung mit Natur und Landschaft verzichtet wird. Die älteste original japanische Bauform ist in den Schreinen von Izumo und Ise bewahrt, wobei man aber wissen muss, dass diese Schreine immer wieder bis ins kleinste Detail exakt nach ihrem Vorbild neu errichtet werden.

Die aus China übernommene Architektur wird von außen bestimmt: Symmetrische Anordnung und symbolhaft gestaltete Grundrisse (z. B Phönix-Form, Byodo-Tempel in Uji) zwingen dazu, ausschließlich auf ebenen Flächen zu bauen oder Flächen künstlich so einzuebnen, dass eine von den natürlichen Geländegegebenheiten unabhängige Bebauung möglich wird. Musterbeispiele hierfür sind der Heian-Schrein in Kyoto (s. S. 66) oder der Itsukushima-Schrein auf Miyajima (s. S. 86). Vorbildlich wurde in der modernen Architektur Japans die Synthese traditioneller Bauweise mit moderner westlicher Architektur zu etwas Neuem, modern Japanischem gelöst. Die moderne Architektur bietet weltweit zukunftsweisende Konzepte. Hierzu gehören auch die Olympia-Bauten des großen Architekten **Kenzo Tange.**

## Feste & Veranstaltungen

**1. Januar Shogatsu,** Neujahrsfest; das feierlichste aller japanischen Feste (s. S. 17).

**6. Januar Dezome-shiki,** Feuerwehrfest in Tokyo; shintoistische Jahresbeginnriten mit akrobatischen Vorführungen.

**Februar Schnee- und Eisfest** in Sapporo mit riesigen Eisskulpturen.

**3. oder 4. Februar** (Schaltjahr) **Setsubun-matsuri,** Laternenfest des Kasuga-Schreins, Nara; über 3000 stehende und hängende Laternen werden entzündet.

**3. März Hina-matsuri,** Puppenfest der Mädchen, die auf einem Podest Figuren des kaiserlichen Hofstaates aufstellen; das Arrangement repräsentiert die konfuzianische Gesellschaftsordnung.

**20. oder 21. März** (Schaltjahr) **Higan-Odori,** Fest der Tag- und Nachtgleiche; wichtiges buddhistisches Totenfest; in allen Tempeln wird für die Seele der Toten gebetet.

**8. April Kambutsu-e,** Buddhas Geburtstag; der Tag wird als *Hana-matsuri*, Blumenfest, gefeiert.

**5. Mai Kodomo-no-hi,** Tag des Kindes, ursprünglich Knabentag; im ganzen Land hängen die Familien für jeden Jungen eine Karpfenfahne – als Symbol der Stärke – an Bambusstangen auf.

**17./18. Mai Sennin-gyoretsu,** Festumzug in historischen Gewändern des Toshogu-Schreins in Nikko.

**7. Juli Tanabata-matsuri,** Sternenfest in Erinnerung an eine alte chinesische Liebeslegende mit zahlreichen Aktivitäten.

**13.–15. Juli Bon-matsuri,** Bon-Fest, wichtigstes Totenfest zum Gedenken der Ahnen (s. S. 17 f.).

**Mitte Juli Kangensai-matsuri,** Fest des Itsukushima-Schreins auf der Insel Miyajima; mehrtägiges Musikfest; bunte, erleuchtete Boote auf dem Meer, traditionelle Bugaku-Musik.

**16./17. Juli Gion-matsuri** des Yasaka-Schreins in Kyoto; eines der buntesten und fröhlichsten Feste Japans mit prächtigen Umzügen, bei denen riesige Floßwagen durch die engen Straßen gezogen werden.

**15. November Shichi-go-san,** Sieben-Fünf-Drei; alle sieben, fünf und drei Jahre alten Kinder besuchen mit ihren Eltern die Schreine und werden dort gesegnet.

## Die Gärten

Bereits seit der Heian-Zeit wurde Gartenpflege auf hohem Niveau betrieben. Ein japanischer Garten stellt stets eine Landschaft als Ganzes dar und war bis zum 16. Jh. meist nicht als begehbarer Garten, sondern als ein von Haus oder Palast aus zu betrachtendes Landschaftsbild konzipiert. Eine der häufigsten Gartentypen ist der **Berg-Wasser-Garten** *(san-sui)*, dessen Gewässer das buddhistische Weltenmeer und die in ihm liegende Insel das Paradies des Reinen Landes *(jodo)* darstellen. Die wichtigste Rolle in der Gestaltung spielen Steine. Zackige Steine repräsentieren Gebirge, gerundete, bemooste Steine Täler, Kies und Sand Flussläufe, Seen oder das Meer. Blumen spielen im japanischen Garten keine Rolle, da sie rasch verblühen und so den erstrebten Eindruck zeitloser Dauer zerstören. Es gibt eine breite Palette von Gestaltungsmöglichkeiten: von naturalistischen Landschaftsimitationen bis hin zu rein **abstrakten Gärten**, in denen Land, Berge, Seen und Flüsse beinahe ohne Pflanzen nur durch Steine und Sand dargestellt werden *(kare-san-sui)*. Erst in der Blütezeit des Feudalismus werden parkartige **Landschaftsgärten** angelegt, die planmäßig als begehbare Parks ausgebaut sind.

Sonderformen sind der **Zen-Garten** und der **Teegarten.** Ersterer ist als kleiner, nicht begehbarer abstrakter Landschaftsgarten – oft ohne Pflanzen – konzipiert und soll Konzentration und meditative Versenkung fördern. Der Teegarten – eher ein schmaler Weg, der zum Teehaus führt – wird von nicht blühenden Pflanzen, einigen wie zufällig ausgestreuten Steinen und einer Steinlaterne gesäumt. Er soll ein Gefühl von Einsamkeit vermitteln und dem Gast zur inneren Ruhe verhelfen.

# Sushi und Sake

Die japanische Küche erfüllt seit alters Forderungen, wie sie die moderne Ernährungslehre an eine gesunde Kost stellt: frische, der Jahreszeit entsprechende Zutaten, abwechslungsreiches Gemüse, wenig Fleisch und Fett, dafür viel Fisch und Meeresfrüchte. Dem Feinschmecker gefällt, dass der Eigengeschmack der Zutaten erhalten bleibt und alles erst kurz vor oder während des Essens gemischt werden. Zu den international bekannten Gemüsesorten kommen vielerlei Wildgemüse wie Farne und Bambussprossen, Lotos- und andere Wurzeln sowie Algen, Tang und Pilze.

## Von Fisch bis Nudeln

Außergewöhnlich ist das japanische Frühstück. Es besteht in der Regel aus einer würzigen **Miso-Suppe,** die aus vergorener Sojapaste aufgekocht wird, Gemüse, getrocknetem und kandiertem oder auch geräuchertem Fisch. Dazu gibt es Reis und Ei, das häufig roh serviert und in Suppe oder Reis geschlagen wird. Nach einem ausgiebigen Frühstück genügt den Japanern zu Mittag meist ein Reiseintopf oder ein kräftiges Nudelgericht.

Zu den beliebtesten Ingredienzien japanischer Tafelfreuden gehört roher Fisch. In feine Scheiben geschnitten und in einer Mischung aus Sojasoße und Wasabi getunkt wird er als **Sashimi** genossen; dazu wird eingelegter Ingwer *(shoga)* gereicht. Bei den bekannteren **Sushi** werden die dünnen Fischscheiben um ein Reisbällchen gewickelt und mit Sojasoße und fein geriebenem Rettich gewürzt. *Wasabi,* eine meerrettichartige, sehr scharfe Wurzel, verleiht ein kräftiges Aroma.

Sushi am Fließband und Tee aus der Pipeline im **Genruku Sushi** in Tokyo, Omotesando-dori: Sushi-Platten laufen zur Selbstbedienung an den Gästen vorüber. Bezahlt wird nur die verzehrte Menge.

*In einem Restaurant in Sapporo*

Mit einem dünnen Teig paniert und in Öl ausgebacken werden kleine Fisch- und Gemüsehäppchen zu schmackhaftem **Tempura.** Beim **Sukiyaki** werden dünn geschnittene Rindfleischscheiben angebraten und mit Gemüse, Glasnudeln, Tofu und Konyaku (gallertartige, aus einer Wurzel gewonnene Substanz) zusammen mit Sake, Sojasoße und etwas Zucker am Tisch gekocht. Die Zubereitung von **Shabu-Shabu** ist ähnlich, nur dass hier das Fleisch gedünstet wird. Höhepunkt der Fleischküche ist das **Teppanyaki:** mundgerechte Filetstücke werden auf einer beheizten Platte zusammen mit klein geschnittenem Gemüse und feinen Soßen vor den Augen des Gastes zubereitet.

Abwechslungsreich ist die **Nudelküche** Japans. *Soba*-Nudeln aus Buchweizenmehl serviert man in feiner Brühe mit Gemüse, Garnelen oder Fisch- und Fleischstückchen. *Udon*

## Kaiseki

Die gehobene japanische Küche *(Kaiseki)* findet man nicht im so beliebten Lokal um die Ecke, sondern in feinen, oft versteckt liegenden traditionellen Restaurants *(ryotei)*, die ohne japanische Begleitung oft nur schwer zugänglich sind. Ursprünglich aus der Teezeremonie kommend, wo dieses Essen der eigentlichen Zeremonie vorausging, ist diese Küche stark vom Zen beeinflusst und konzentriert sich somit auf das Essenzielle. Sie zieht ein in freier Natur gewachsenes Kraut dem gezüchteten vor und verwendet nichts, was der Jahreszeit nicht angemessen wäre. Dabei ist das Einfache zugleich raffiniert, das Schlichte höchst anspruchsvoll und das scheinbar Zufällige mit Bedacht gewählt und arrangiert. Dies gilt auch für das Ambiente und das Gedeck, das mit vielen Lackschälchen und Schüsseln für Suppe, Appetithappen, Würzsoßen, Beilagen und Hauptspeisen – die alle gleichzeitig auf den Tisch kommen und in keiner bestimmten Reihenfolge verzehrt werden – schon ein Augenschmaus ist. Die Gelegenheit, an einem solchen (nicht billigen) Festessen teilzunehmen, sollte man sich auf keinen Fall entgehen lassen.

Beste Kaiseki-Küche gibt es im **Kinsen,** Ginza Kintetsu-Building, 5. Stock,Tokyo; Ⓤ Ginza. ○○○

*Ein absolutes Erlebnis für Gaumen und Auge*

und *Ramen,* dicke bzw. dünne Weizenmehlnudeln, werden in zahlreichen Kombinationen zubereitet. Diese Nudelgerichte gibt es fast an jeder Straßenecke und in Imbissbuden *(yatai).*

**Tipp** Ebenfalls preiswert und überall erhältlich ist **Dombori,** ein Eintopfgericht auf Reisbasis mit unterschiedlichen Zutaten. Auf Bahnhöfen und in allen Fernzügen gibt es nach lokaler Tradition zusammengestellte Vesperkästchen *(bento)* – eine schmackhafte Möglichkeit, um sich unterwegs günstig und schnell zu verköstigen.

## Mehr als nur Sake

Den gesamten Tag, auch Arbeit und geselliges Zusammensein, begleitet **grüner Tee** *(cha).* Traditionelles Nationalgetränk ist **Sake,** der aus gedämpftem Reis unter Zusatz von Hefe und gutem Quellwasser gebraut wird und einen Alkoholgehalt von rund 20 Prozent hat. Das Getränk wird in Keramikflaschen *(tokkuri)* auf etwa 40 Grad erwärmt und dann aus kleinen Keramikschalen *(choko)* getrunken.

Das sehr schmackhafte japanische **Bier** *(biru),* nach deutschen Rezepten gebraut, verdrängt allerdings den Sa-

*Sake-Fässer*

ke allmählich von seinem ersten Platz. Importierte, neuerdings aber auch im Land mit großer Kennerschaft ausgebaute **Weine** ergänzen das Getränkeangebot. Nur Mineralwasser, das westliche Touristen besonders in den heißen Sommermonaten vermissen, hat sich nicht durchgesetzt.

**Tipp** Am Eingang vieler Restaurants befinden sich Schaukästen mit Nachbildungen aller angebotenen Gerichte. Die Bestellung wird so durch Deuten ganz einfach. Und auch die Handhabung der Essstäbchen zeigt einem jeder gern.

Der Besuch eines japanischen Kaufhauses *(depato)* ist ein besonderes Erlebnis. Ein wahres Paradies für Neugierige sind die Lebensmittelabteilungen im Untergeschoss, wo eine regelrechte Marktstimmung herrscht – die Fülle und Vielfalt der Waren ist überwältigend. Hier finden sich auch kleine Spezialitätenrestaurants und Imbissecken (z. B. für Sushi, Aalgerichte, lokale Spezialitäten), wo man eine Pause einlegen und dem bunten Treiben zusehen kann.

# Unterkunft

Japan bietet eine breite Auswahl an Hotels aller Kategorien. Westlich geführte Häuser entsprechen fast immer gehobenen Ansprüchen. Hier hat der Gast, sofern er etwas Englisch spricht, keinerlei Probleme und darf mit einem hervorragenden Service rechnen.

**Tipp** Zu allen Unterkunftsmöglichkeiten bietet die Japanische Fremdenverkehrszentrale in Frankfurt (s. S. 100) ergiebiges Prospektmaterial. Hier gibt es auch das »Directory of Welcome Inns«, eine Broschüre mit einer Palette von preiswerteren Hotels, die sich zu einem Buchungsservice zusammengeschlossen haben.

Reservierungen, die in der Hauptreisezeit (April/Mai und Sept. bis Nov. sowie in den japanischen Schulferien im Juli/Aug. und Dez./Jan.) unerlässlich sind, werden in Frankfurt vorgenommen. In Japan werden Buchungen in den TICs (s. S. 100) nur persönlich, nicht aber telefonisch entgegengenommen.

## Wohnen im westlichen Stil

Die Luxushotels gehören weltweit zur Spitzenklasse. Hier findet man alles, vom Swimmingpool über Sauna, Restaurants, Bars, Ladenarkaden, Reisebüros bis hin zum besonders für Geschäftsleute wichtigen Businesscenter mit allen kommunikationstechnischen Raffinessen. Eine Komfortkategorie darunter liegen die großen internationalen Hotels und Hotelketten wie etwa die Prince- und Tokyu-Hotels, in denen es sich jedoch auch hervorragend wohnen – und arbeiten – lässt. Günstiger sind die so

*Hotel Fujiya, Hakone*

genannten Business Hotels. Sie sind kleiner, zweckmäßig, sauber und in aller Regel verkehrsgünstig gelegen.

## Wohnen wie die Japaner

Die Gelegenheit, auch einmal in einem traditionellen Hotel japanischen Stils, einem **Ryokan,** zu übernachten, sollte man sich nicht entgehen lassen. Das Vergnügen ist zwar teuer, aber überaus lohnend. **Minshuku** sind Pensionen japanischen Stils mit meist familiärem Charakter. Wer weniger auf Service, sondern auf eine häusliche Atmosphäre Wert legt, wohnt hier genau richtig. (Hierzu s. Special S. 6.)

Eine Nacht im besten Ryokan Japans, dem **Tawaraya** in Kyoto, gehört zu den größten und teuersten Erlebnissen einer Japanreise. Aneyakoji-Iru, Fuya-cho, Kyoto 604-8094, Tel. (075) 211-5566, Fax 211-2204.

## Jugendherbergen

Japan besitzt ein dichtes Netz an Jugendherbergen, die keinen Altersbestimmungen unterliegen. Jugendherbergsausweis ist erforderlich (Verzeichnis bei der Japanischen Fremdenverkehrszentrale, Frankfurt).

# Reisewege und Verkehrsmittel

## Anreise

Zielflughäfen aller Ferntouristen sind **New Tokyo International Airport Narita** bei Tokyo oder **Kansai International Airport Osaka,** der sich v. a. für Aufenthalte in und um Kyoto eignet. Alle großen Airlines fliegen Tokyo und Osaka an.

Das Zentrum von Tokyo ist von Narita aus bequem mit einem Zug von **Japan Rail** (JR) zu erreichen (50 Min. bis zum Hauptbahnhof, 75 Min. bis Shinjuku). Luxuriöser ist der **Skyliner** (Reservierung über die japanische Fremdenverkehrszentrale, s. S. 100, und Japan Airlines empfohlen), der ca. eine Stunde bis Ueno fährt; von hier geht es weiter mit der U-Bahn ins Zentrum. Altbewährt ist der **Airport Limousine Bus,** der zwar länger unterwegs ist, dafür aber alle großen Hotels direkt anfährt (Fahrpläne/Tickets in der Ankunftshalle). Die Terminals 1 und 2 sind mit Shuttle-Bussen verbunden.

Vom Flughafen nach Osaka fährt der **Limousine Bus** im 30-Minuten-Takt (Fahrzeit: 85 Min.). Der **JR Haruka-Airport Express** erreicht Shin-Osaka (Shinkansen-Bahnhof) in 45 Minuten, der **Schnellzug** der JR den Bahnhof Osaka in 65 Minuten. Nach Kyoto beträgt die Fahrzeit des Haruka 75 Minuten.

## Reisen in Japan

### Flugzeug

Japan Airlines (JAL), All Nippon Airways (ANA) und Japan Airlines System (JAS) fliegen alle größeren Städte und Inseln an. Wer die hohen regulären Preise der Linienflüge meiden möchte, findet immer wieder günstige Angebote bei: Nichidoku Fernost Reisen, Dürener Str. 89, 50667 Köln, Tel. 02 21/2 57 59 51, Fax 2 57 59 96).

*Während der Stoßzeiten ist von der Benutzung der Tokyoter U-Bahn abzuraten*

### Bahn

Das Netz des Superexpresszugs *Shinkansen* ist bis Hakata (s. S. 88) auf Kyushu, Niigata an der Westküste, Morioka in Nord-Honshu und seit den Olympischen Winterspielen 1998 bis Nagano in Mittel-Honshu ausgebaut und bedient auch die Strecke Tokyo–Kyoto. Es stehen, wie bei allen Fernzügen, fast ausschließlich reservierte Plätze zur Verfügung. Neben JR gibt es eine Vielzahl privater Bahnlinien, de-

### Japan Rail Pass

Der Japan Rail Pass ist allen zu empfehlen, die auf eigene Faust durch Japan reisen wollen. Er ist für 7, 14 oder 21 Tage erhältlich und gilt für alle JR-Züge, Busse sowie für die Fähre nach Miyajima (s. S. 86). Der Gutschein für den Pass ist nur außerhalb Japans bei autorisierten Reisebüros, Japan Airlines und der japanischen Fremdenverkehrszentrale (s. S. 100) zu erwerben.

*Das Netz des Superexpresszugs Shinkansen ist auf Honshu sehr gut ausgebaut*

ren Züge zum Teil auf den gleichen Gleisen verkehren wie JR und meist erheblich günstiger sind. Jede Hotelrezeption oder TIC gibt gerne Auskunft.

## Fernbusse

Das Bussystem ist zuverlässig und für viele Ziele in den Bergen unerlässlich. Bezahlt wird so: Beim Einsteigen zieht man aus einem Kartenspender eine Nummer. Über dem Fahrersitz zeigt dann eine Leuchttafel fortlaufend an, wieviel Yen für die jeweilige Nummer zu entrichten sind. Das Geld legt man dann möglichst passend in einen kleinen Plastikkasten neben dem Fahrer.

## Mietwagen

Wegen des hervorragend ausgebauten öffentlichen Verkehrsnetzes ist es in Japan nicht notwendig, sich einen Mietwagen zu nehmen. Wer dennoch einen Wagen mieten will, kann dies an jedem Flughafen und in allen größeren Städten tun. Deutsche und Schweizer benötigen ihren nationalen Führerschein mit einer japanischen Übersetzung, die bei der Botschaft in Tokyo (s. S. 98) oder beim Generalkonsulat in Osaka (s. S. 99) beantragt werden kann. Für Österreicher genügt der österreichische Führerschein.

## Innerstädtischer Verkehr

Innerhalb Tokyos, Osakas, Kyotos, Sapporos und Fukuokas empfiehlt sich das gut ausgebaute **U-Bahnnetz.** Die einzelnen Linien sind farblich gekennzeichnet, die Streckenpläne überall erhältlich (Hotels, Reisebüros, TICs). Etwas schwierig ist das Lösen der Fahrkarten am Automaten, da die Zielstationen oft nur in Kanji angegeben sind. Im Zweifelsfall kauft man den billigsten Fahrschein und zahlt am Zielort am Nachlöseschalter unter Vorzeigen des Tickets problemlos nach.

Das **Bussystem** kommt für westliche Besucher selten in Frage, da dessen Benutzung die Kenntnis der Kanji voraussetzt. Dagegen sind **Taxis** durchaus zu empfehlen: Die Fahrer sind zuverlässig, hilfsbereit und sehr korrekt. In Großstädten sollte man Taxis jedoch nicht nach 22 Uhr benutzen, da sie zu dieser Zeit extrem erhöhte Preise verlangen.

Weniger Wagemutigen ist zu empfehlen, sich des perfekt organisierten Systems der **Sightseeing-Busse** zu bedienen. Das am weitesten verbreitete Unternehmen ist Sunrise Tours – seine Angebote liegen in jedem Hotel aus, wo man auch gleich buchen kann und meist abgeholt wird.

# **Tokyo

## Oasen im Dickicht der Straßenschluchten

***Kaiserpalast → **Koraku-Garten → **Asakusa-Kannon-Tempel → **Nationalmuseum → *Meiji-Schrein**

Tokyo ist eine Stadt extremer Kontraste. Da sind einmal die von Menschen überquellenden S- und U-Bahnen, die überfüllten Hochstraßen und verstopften Stadtautobahnen, die Express- und Superexpresszüge, deren Trassen sich auf hohen Betonpfeilern rücksichtslos durch die glitzernden und von Lärm erfüllten Wohnquartiere und Geschäftsviertel winden. Aber nicht weit von diesem hektischen Treiben ruht, umgeben von Wassergräben und großzügigen Freiflächen, das weitläufige grüne Areal des Kaiserpalasts: eine Oase der Beschaulichkeit inmitten der schrillen Hektik der Metropole. Solch unverhoffte Orte der Stille sind zahlreich in der japanischen Hauptstadt, wie etwa der Garten der kaiserlichen Sommervilla Hamarikyu, der ausgedehnte Park, der den Meiji-Schrein umschließt, oder der Shinjuku-Park inmitten des Wolkenkratzerviertels. Ein Monat ist nicht genug, um Tokyo in all seinen Gegensätzlichkeiten zu erleben, aber an drei geschickt ausgefüllten Tagen lässt sich doch ein Eindruck vom Flair dieser pulsierenden Weltstadt gewinnen.

## Geschichte

Unter den wichtigen Städten Japans ist Tokyo eine der jüngsten. Edo, so ihr ursprünglicher Name, war lange Zeit ein unbedeutendes Fischerdorf, bis der Vasall Ota Dokan im strategisch günstig gelegenen Delta mehrerer Flussmündungen im Jahr 1457 eine Burg gründete, die 1590 an Tokugawa Ieyasu (s. S. 20) fiel; er machte die Stadt 1603 zum Sitz seiner Shogunatsregierung. Ieyasu veranlasste, dass sich 80 000 seiner Vasallen in Edo niederließen, und zwang die rund 260 Feudalherren, hier aufwändige Residenzen zu unterhalten. Handwerker und Kaufleute folgten.

Edo wuchs rasch, bereits um 1720 überschritt seine Einwohnerzahl die Millionengrenze und war somit die größte Stadt der Welt. Mit dem Ende des Tokugawa-Shogunats (1868) ließ sich Kaiser Meiji in der ehemaligen Tokugawa-Residenz nieder und machte Edo, das nun Tokyo, »östliche Hauptstadt«, hieß, zur Kapitale des modernen Japan. Heute leben hier 8 Mio. Menschen.

Seite 42

## Sehenswürdigkeiten

Auf drei Tagesetappen stellt sich Tokyo mit seinen schönsten und interessantesten Bezirken vor, die man meist zu Fuß, auf längeren Zwischenstrecken auch mit U-Bahn, Wasserbus und Taxi erreicht.

**Tipp** Zu empfehlen ist eine Tageskarte für Bahn und U-Bahn. Karte für alle Linien Tokyos 1560 Yen, nur für JR 720 Yen und für alle Toei-Linien 700 Yen.

### Vom Kaiserpalast zum Yasukuni-Schrein

Die Palastanlage mit ihren mächtigen Mauern und breiten Wassergräben ist eines der wenigen Relikte der frühen Edo-Zeit. Kann man den eigentlichen Palast auch nicht besichtigen, so

Seite 42

*Die Anlage des Kaiserpalasts stammt noch aus der frühen Edo-Zeit*

## Der Untergang des alten Edo

Mit der Umbenennung der Stadt in Tokyo war das alte Edo, das einer mehr als zweihundertjährigen Kulturepoche seinen Namen gegeben hatte, natürlich nicht einfach verschwunden. Es lebte in seiner städtebaulichen Gestalt, in seiner Architektur, in seinen sozialen Strukturen und Alltagsgewohnheiten fort. Da erschütterte am 1. September 1923 ein mächtiges Erdbeben die neue Hauptstadt. Die Bewohner Edos waren an Naturkatastrophen gewöhnt, allein 200 Großbrände und fünf verheerende Erdbeben hatten seit dem Jahr 1600 die Stadt heimgesucht. Das Beben von 1923 übertraf jedoch alle bisherigen Katastrophen.

Der Tag war heiß und trocken, es wehte ein kräftiger Wind. Zu dieser Zeit bestand die Stadt fast ausschließlich aus Holzhäusern, die dicht gedrängt an engen Straßen und Gassen aufgereiht standen. Die Erdstöße kamen zur Mittagszeit, als in Abertausenden von Küchen die offenen Holzkohleherde brannten. Einstürzende Holzhäuser, offenes Feuer, Trockenheit und Wind schufen zusammen ein Inferno unvorstellbaren Ausmaßes. Menschen, die sich auf die freien Plätze der Stadt gerettet hatten, erstickten, da die mächtigen Brände der Luft allen Sauerstoff entzogen.

Insgesamt kamen 142 807 Personen ums Leben. Alles, was nicht der Vernichtung durch die Erdstöße anheimfiel, wurde ein Raub der Flammen. Das alte Edo versank für immer in Schutt und Asche.

geben die großen Tore und die noch aus Ieyasus Zeit stammenden zyklopischen Steinwälle mit ihren weiß getünchten und schwarz gedeckten Maueraufbauten und Wachtürmen einen anschaulichen Eindruck vom Machtbewusstsein der Tokugawa-Shogune. Der Rundgang um den ***Kaiserpalast** *(Kokyo)* ❶ beginnt am heutigen Haupttor *(Sei-mon)* mit der fotogenen **Doppelbrücke** *(Nijubashi)* ❷ (Ⓤ Nijubashi-mae).

Weiter geht es an den Festungsgräben entlang, bis man links auf der anderen Seite der Uchibori-Allee ein in mehrfacher Hinsicht interessantes Gebäude, nämlich das ***Nationaltheater** *(Kokuritsu-gekijo)* ❸, entdeckt, in dem neben westlichen Stücken und Opern v. a. die drei traditionellen Theaterformen Kabuki, No und Bunraku gepflegt werden (s. S. 27 f.). Die Architektur des Gebäudes knüpft, wiewohl aus Beton gestaltet, an die Bauweise der mittelalterlichen Vorratshäuser an, die aus langen, kantig geschlagenen Querhölzern gefügt waren – eine geglückte Verschmelzung von Tradition und Moderne.

Am nordöstlichen Ende des Palastgeländes gelangt man zum **Kita-no-maru-Park** *(Kita-no-maru-koen)* ❹, der einst Teil der Festung Edo war, heute aber eine öffentliche Anlage ist. Hier erhebt sich im nördlichen Bereich ein achteckiges Gebäude, die 15 000 Besuchern Platz bietende **Budo-Sporthalle** *(Budokan)* ❺; sie wurde anlässlich der Olympischen Spiele 1964 in Anlehnung an die Traumhalle des Horyu-Klosters bei Nara (s. S. 74) errichtet.

Nordwestlich der Budokan erreicht man den ***Yasukuni-Schrein** *(Yasukuni-jingu)* ❻, der 1869 zu Ehren der während der Meiji-Restauration ums Leben Gekommenen errichtet wurde. Das eindrucksvolle Bauwerk ent-

*Yasukuni-Schrein mit dem Eingangs-Torii*

wickelte sich im Lauf der Jahre zur nationalen Gedenkstätte für alle Kriegstoten und schließlich zum Kristallisationspunkt des japanischen Militarismus und Imperialismus. In jüngster Zeit rückte der Schrein trotz Protesten erneut ins Blickfeld des politischen Lebens, vor allem in den noch immer weiten Kreisen, die jede Schuld Japans im Zusammenhang mit dem Pazifischen Krieg leugnen.

### Der **Koraku-Garten ❼

Wer Muße hat, kann nun in einer guten halben Stunde zum Koraku-Garten *(Koraku-en)* spazieren, ansonsten empfiehlt es sich, diese Teilstrecke per Taxi oder U-Bahn zurückzulegen (Ⓤ Korakuen). Der Koraku-Garten ist der älteste und bedeutendste Landschaftsgarten Tokyos, der um 1630 im Stil der Ming-Zeit angelegt wurde. Er beherbergt zudem einen der sehr seltenen Konfuzius-Schreine *(Tokujin-do)* Japans. Im Park finden von der Großstadt gestresste Touristen Ruhe und Erholung.

Ganz in der Nähe des Koraku-Gartens befindet sich das renommierte **Hosho-No-Theater** *(Hosho-nogakudo)* ❽ – ein Besuch lohnt sich, auch wenn man kein Wort versteht (Ⓤ Suidobashi).

Seite 42

❶ Kaiserpalast
❷ Doppelbrücke
❸ Nationaltheater
❹ Kita-no-maru-Park
❺ Budo-Sporthalle
❻ Yasukuni-Schrein
❼ Koraku-Garten
❽ Hosho-No-Theater
❾ Großmarkt Tsukiji
❿ Kaiserliche Sommervilla
⓫ Anlegestelle für Wasserbusse
⓬ Asakusa-Kannon-Tempel
⓭ Ueno-Park
⓮ Nationalmuseum
⓯ Meiji-Schrein
⓰ Rathaus
⓱ Shinjuku-Park
⓲ Kabuki-Theater
Ikebukuro
Gogoku-ji
Meiji-dori
EXPRESSWAY NR.5
Kasuga-
Waseda-dori
SHINJUKU-KU
Okubo-dori
Sotobori-dori
Shinjuku
Yasukuni-dori
Koshu-kaido
Chofu
Shinjuku-dori
CHIYODA-KU
EXPRESSWAY NR.4
Yoyogi-Park
SHIBUYA-KU
Parlam
AKASAKA
Aoyama-dori
Gaien-Higashi-dori
Omotesando
MINATO-KU
Shibuya
Tamagawa-dori
Rappongi-dori
EXPRESSWAY NR.3
ROPPONGI
EXPRESSWAY NR.2

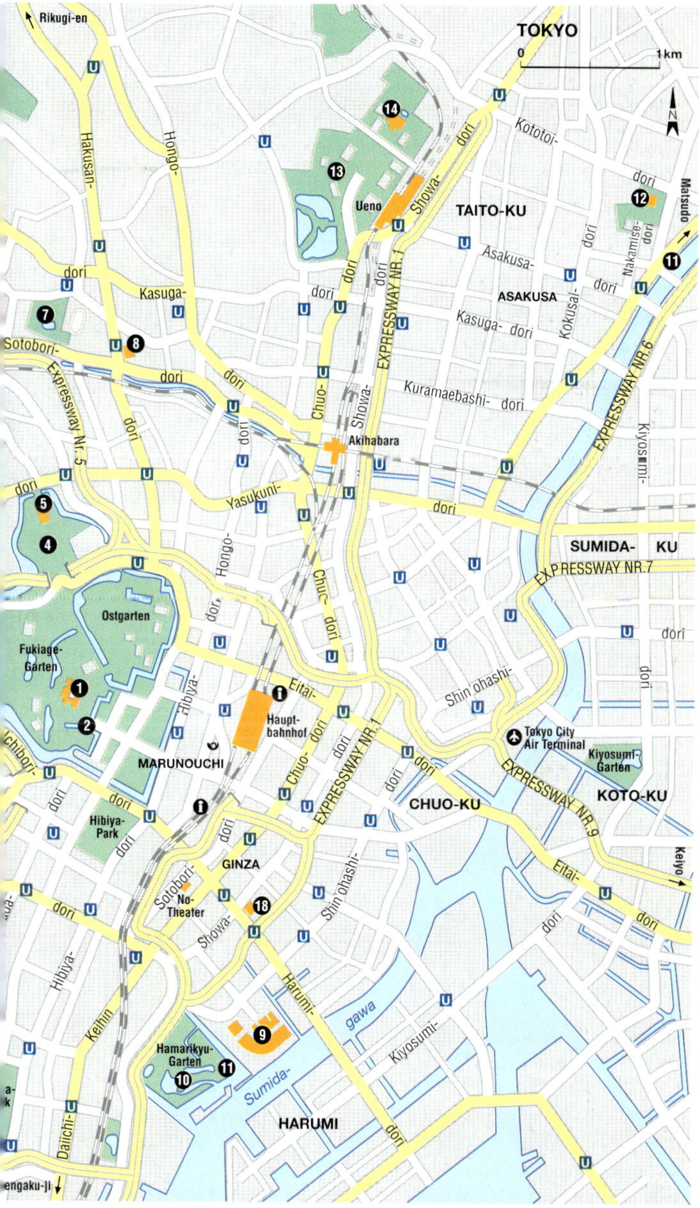
TOKYO
0
1 km
Rikugi-en
Hakusan-
Hongo-
Kototoi-
dori
Ueno
Showa-
TAITO-KU
Matsudo
Nakamise-
ASAKUSA
Asakusa-
Kasuga-
Kasuga- dori
Kokusai-
Sotobori-
Expressway Nr. 5
EXPRESSWAY NR.1
EXPRESSWAY NR.6
Kuramaebashi- dori
Chuo-
Akihabara
Yasukuni-
SUMIDA- KU
EXPRESSWAY NR.7
Ostgarten
Fukiage-
Garten
Hibiya-
Eitai-
Haupt-
bahnhof
Shin ohashi-
Tokyo City
Air Terminal
Kiyosumi-
Garten
MARUNOUCHI
KOTO-KU
CHUO-KU
EXPRESSWAY NR.9
Hibiya-
Park
GINZA
Keiyo
Sotobori-
No-
Theater
Showa-
Harumi-
Keihin
gawa
Kiyosumi-
Hamarikyu-
Garten
Sumida-
HARUMI
Daiichi-
engaku-ji

*Tsukiji-Fischmarkt*

Seite 42

## Fischmarkt und Kaiserliche Sommervilla

Für Frühaufsteher ist ein Besuch auf dem Tokyoter **Großmarkt Tsukiji ❾** ein Muss. Der Markt gilt weltweit als der größte seiner Art (Öffnungszeiten: So–Fr).

Die ihm angeschlossenen Lebensmittelgeschäfte mit einer Vielzahl von bunten, exotischen Angeboten sowie die Imbissbuden und kleinen Restaurants, in denen die frische Marktware sofort zubereitet und zum Verzehr angeboten wird, lohnen auch noch einen Besuch am späten Vormittag (Ⓤ Tsukiji).

**Tipp** Die großen Versteigerungshallen, aber auch die Marktstände und Kleinhändlerarkaden bieten beste Fotomotive.

Nach einem kleinen Spaziergang gelangt man nun zur ****Kaiserlichen Sommervilla** *(Hamarikyu-teien)* ❿ inmitten eines Parks, der um 1650 von den Tokugawa angelegt wurde und ursprünglich direkt am Wasser lag. Inzwischen hat sich durch Landaufschüttungen der neue Stadtteil Harumi vor den Ozean geschoben. Dieser Park ist ein typischer feudaler Landschaftsgarten der Edo-Zeit mit weiten, offenen Rasenflächen und Teichen.

*Asakusa-Kannon-Tempel*

Drei lang gestreckte, zum Teil mit dichten Glyzinienspalieren überdachte Stegbrücken führen auf die künstliche Insel Nakajima mit der anmutigen Sommervilla.

## *Asakusa

Wer Tokyo einmal von einer ganz anderen Seite kennen lernen möchte, fährt jetzt mit dem Wasserbus von der Anlegestelle ⓫ in Hamarikyu aus den Sumida-Fluss hinauf nach Asakusa. Von der viel besungenen Anmut des Flusses war nach dem Krieg und in den Jahren des Wirtschaftsaufschwungs wenig übrig; viele Sünden dieser neuen Gründerzeit wurden jedoch beseitigt.

Der Wasserbus legt kurz hinter der Azuma-Brücke an, die direkt auf die Kaminari-mon-Avenue führt. Auf ihr gelangt man nach wenigen Minuten zum mächtigen zweistöckigen Kaminari-Tor des **Senso-Tempels** *(Senso-ji)* mit seinem berühmten roten Riesenlampion. Es gibt den Weg frei in die malerische Einkaufsstraße **Nakamise-dori,** die geradewegs auf den Tempel zuführt. Hier kann man hübsche, typisch japanische Kunstgewerbeartikel erstehen. Der Tempel selbst ist vor allem unter seinem volkstümlichen Namen ****Asakusa-Kannon-Tempel** ⑫ bekannt. Das heutige Gebäude ist eine Nachbildung der 1651 errichteten Anlage. Dass er einer der beliebtesten und meistbesuchten Tempel Tokyos ist, zeigt schon die große Zahl der Betenden und Heil Suchenden um das bronzene Weihrauchbecken (Ⓤ Asakusa).

### Zum Nationalmuseum

Von Asakusa geht es weiter mit der U-Bahn zum **Ueno-Park** *(Ueno-koen)* ⑬. Gartenarchitektonisch hat er wenig zu bieten, dafür beherbergt er aber eine Reihe bedeutender Museen, von denen das wichtigste das ****Nationalmuseum** *(Kokuritsu hakubutsukan)* ⑭ ist. Die vier Sammlungen sind von erlesener Qualität. Das Hauptgebäude bietet japanische Kunst, u. a. Skulpturen, Keramik, Gemälde, Drucke, Kalligraphien und Lackarbeiten. In einem Nebengebäude links vom Haupttrakt sind die wertvollsten Kunstschätze des Horyuji-Klosters (s. S. 73) ausgestellt (Öffnungszeiten: Di–So 9 bis 16.30 Uhr; Ⓤ Ueno).

### *Meiji-Schrein ⑮

Der Meiji-Schrein *(Meiji-jingu)* ⑮ ist historisch gesehen noch sehr jung – er wurde erst 1920 zu Ehren des 1912 verstorbenen Kaisers Meiji geweiht – und gehört somit nicht zu den ehrwürdigen Kulturgütern des Landes. Dennoch vermittelt er in der Gesamtheit seiner Anlage eine so überwältigende Atmosphäre von Zeitlosigkeit, Stille und Würde, dass man glaubt, ein uraltes japanisches Heiligtum vor sich zu haben (Ⓤ Meijijingumae; Ⓢ Harajuku, Yamanote-Linie). Man betritt das weitläufige Schreingelände durch das

*Shinto-Hochzeit im Meiji-Schrein*

Seite 42

größte **Holz-Torii** Japans. Eine breite, kiesbedeckte Allee führt zum Schreinbezirk. Über den weiten Innenhof hinweg öffnet sich der Blick auf die großzügigen Schreingebäude mit ihren schwungvollen Dächern. Am Geburtstag des Kaisers (23. Dez.) werden auf der Bühne vor dem Heiligtum Bugaku-Tänze zu alter Hofmusik aufgeführt, ebenso am 3. Mai und 1. November.

Sehenswert ist auch der ***Irisgarten** der Kaiserin, dessen Zugang auf halbem Weg zwischen großem Torii und dem Schrein liegt. Ende Juni blühen hier über 80 Irisarten in dem geschmackvoll angelegten Park mit Wasserlilienteich und einem Teehaus.

Lohnend ist ein ausgiebiger Bummel über den zum Schrein führenden Omotesando-Boulevard: schicke Modehäuser, interessante Geschäfte und gemütliche Cafés laden zum Schauen und Verweilen ein. Im **Oriental Bazar** gibt es in reicher Auswahl Geschenkartikel.

### Shinjuku

Vom Meiji-Schrein ist es nicht weit zum wohl dynamischsten Stadtteil Tokyos, nach Shinjuku (Ⓢ Yamanote-Linie, ab Harajuku zwei Stationen). Schon der Bahnhof mit dem größten Personenaufkommen Tokyos ist beeindruckend, ebenso das von hier aus zugängliche riesige unterirdische Einkaufszentrum. Verlässt man den Bahnhof durch den Westausgang, befindet man sich auch schon im modernen Wolkenkratzerzentrum der Stadt. Mitsui und Sumitomo, Nomura und zahlreiche andere Topkonzerne haben hier ihre Zentralen.

Seite 42

Mit 243 m Höhe ist jedoch das ***Rathaus** *(Tokyo-to Cho)* ⓰ das höchste und architektonisch am besten gelungene Gebäude. Von hier aus verwalten über 13 000 Angestellte die Metropole. Das Rathaus ist frei zugänglich, und man sollte auf jeden Fall mit dem Aufzug auf eine der beiden Aussichtsplattformen fahren, der Ausblick ist überwältigend (Mo geschl.).

Vom östlichen Eingang des Bahnhofs gelangt man zum ***Shinjuku-Park** *(Shinjuku-gyoen)* ⓱. Mit 58 ha ist er der größte Feudalpark Tokyos. Er wurde um 1650 teils als japanischer, teils als chinesischer Landschaftsgarten angelegt und Anfang des 20. Jhs. durch einen englischen und einen formalen französischen Garten ergänzt.

Ein schönes Restaurant im traditionellen Stil finden Sie nahe dem Bahnhof Shinjuku (My City Shopping Center, 8. Stock). ○○○

## Ginza-Viertel

Mit der U-Bahn geht es weiter zur **Ginza,** der eleganten Einkaufsstraße (Ⓤ Ginza). Wer sich hier nicht in den noblen Boutiquen, Läden und Kaufhäusern vertrödelt, hat noch Zeit für einen Besuch (tgl. 16.30 Uhr) im ***Kabuki-Theater** *(Kabuki-za)* ⓲, einem malerischen Gebäude an der Harumi-dori. Die Eintrittspreise sind zwar hoch, doch es gibt die preisgünstige Möglichkeit, von der Galerie (Makumi, 16.30, 18.30, 19.15 Uhr) nur einen einzelnen Akt zu sehen.

Die größte und beste Auswahl an Zuchtperlen hat **Mikimoto,** Ginza, Chuo-dori, neben dem Warenhaus Matsuya.

## Infos

**Tokyo Tourist Information Center (TIC),** Tokyo International Forum, 1st basement fl., 3-5-1 Marunouchi, Chiyoda-Ku, Tokyo 100-0005, Tel. 3201-3331. **Vorwahl Tokyo: Tel. 03.**

**The Capitol Tokyu Hotel,** 2-10-3 Nagatacho, Chiyoda-ku, Tokyo 100-0014, Tel. 3581-4511, Fax 3581-5822, www.capitoltokyu.com. Eines der kleineren De-Luxe-Hotels Tokyos mit schönem japanischen Garten und ausgezeichneten Restaurants; im Regierungsviertel nahe dem Kaiserpalast gelegen. ○○○

▮ **The New Otani,** 4-1 Kioicho, Chiyoda-ku, Tokyo 102-8578, Tel. 3265-1111, Fax 3221- 2619, www.newotani.co.jp. Trotz seiner 1610 Zimmer hat dieses Superhotel eine ganz persönliche Note. Traumhaft: der großzügige japanische Garten; mehrere Restaurants bieten internationale Spezialitäten. ○○○

▮ **Imperial Hotel,** 1-1-1 Uchisaiwaicho, Chiyoda-ku, Tokyo 100-8558, Tel. 3504-1111, Fax 3581-9146, www.imperialhotel.co.jp. Traditionsreichstes Hotel Japans im westlichen Stil, dessen wundervoller Backsteinbau einem großen Neubau weichen musste. Erhalten blieben die »Old Imperial Bar« und Teile des Foyers mit dem alten Art-déco-Interieur; ausgezeichnete Küche. ○○○

*Ginza, eine exklusive Einkaufsstraße*

hington
アメリカ屋靴店
いらか
WASHINGTON
鳩居堂
西濃運輸

Seite 42

- **Hotel Okura Tokyo,** 2-10-4 Toranomon, Minato-ku, Tokyo 105-0001, Tel. 3582-0111, Fax 3582-3707, www.okura.com. Gehört weltweit zu den Topadressen. ❍❍❍
- **Shiba Park Hotel,** 1-5-10 Shibakoen, Minato-ku, Tokyo 105-0011, Tel. 3433-4141, Fax 5470-7519, www.shibaparkhotel.com. Gutes Hotel in ruhiger günstiger Lage. ❍❍
- **Fairmont Hotel,** 2-1-17 Kudanminami, Chiyoda-ku, Tokyo 102-0072, Tel. 3262-1151, Fax 3264-2476, www.fairmont.co.jp. Kleineres Haus in der Nähe des Kitanomaru-Parks. ❍❍
- **Ginza Capital Hotel,** 2-1-4 Tsukiji, Chuo-ku 104, Tel. 3543-8211, Fax 3543-7839. Typisches Business Hotel in sehr günstiger Lage. ❍
- **Hotel Gimmond,** 1-6 Odenmachi, Nihombashi, Chuo-ku, Tokyo 103, Tel. 3666-4111, Fax 3666-3040, www.gimmond.co.jp. Business Hotel nahe den großen Einkaufsstraßen. ❍

Besonders in **Asakusa, Shinjuku** und in den Nebenstraßen der **Ginza** liegen gute Speiselokale. Zudem bieten die Warenhäuser und Stationen der Yamanote-Ringbahn gleich mehrere Lokalitäten, die jeweils auf bestimmte Gerichte spezialisiert sind; sie schließen allerdings bereits gegen 20 Uhr. Zur Mittagszeit gibt es in fast allen kleineren Lokalen preisgünstige Menüs *(teishoku)*.

- **Tenichi,** 6-6-5 Ginza, Chuo-ku, Tel. 3571-1949. Hervorragendes Tempura-Restaurant, Ginza-Viertel. ❍❍❍
- **Tsukiji Edogin,** 4-5-1 Tsukiji, Chuo-ku, Tel. 3543-4401. Nahe dem Fischmarkt; riesige Portionen Sushi. ❍❍❍
- **Shabuzen,** Ginza Core Bldg., Basement 2, 5-8-20 Ginza, Chuo-ku, Tel. 3572-3806. Kettenrestaurant mit preiswertem und gutem Sukiyaki und Shabu-Shabu. ❍❍

*Kabuki-Theater im Ginza-Viertel*

Diskos, Restaurants und Kneipen finden sich besonders in der **Ginza,** in **Asakusa** sowie im Szene-Stadtteil **Roppongi.** Für Europäer, insbesondere für jüngere Besucher, die ein wenig am Nachtleben Tokyos teilhaben möchten, ist nur Roppongi zu empfehlen; neben den elegantesten Discos gibt es hier eine Vielzahl nicht allzu teurer Bars, Kneipen und Restaurants.

Das Vergnügungsviertel **Kabukicho** in Shinjuku ist eine Art japanische Reeperbahn. Vom Tokyoter Nachtleben sollte man sich nicht allzuviel versprechen, es ist teuer und endet bereits gegen 23 Uhr. Oft sind Fremde nicht gern gesehen.

**Theater:** Die Kabuki-Aufführungen beginnen um 16.30 Uhr, die Matineen um 11 Uhr (s. auch S. 46). No-Stücke werden fast nur am Spätnachmittag gegeben. Über das Programm informiert der in den Hotels ausliegende englischsprachige »Tour Companion«, Reservierung (mindestens einen Tag im Voraus) unter Tel. 5565-6000.

# Ausflüge von Tokyo

## Rund um die Metropole

*****Nikko → **Fuji-Hakone-Nationalpark → ***Kamakura**

**Lässt man den Blick vom Tokyo Tower über das endlose Häusermeer schweifen, fällt es schwer, sich vorzustellen, wie rasch man dem Hexenkessel doch entkommen kann. Großartig ist die Naturszenerie, die Tokyo in einem weiten Halbkreis umgibt, reich die Geschichte der Kanto-Region. So liegen die prunkvollen Schreine Nikkos und die einsame Bergwelt des Nikko-Nationalparks nur zwei Stunden entfernt. Der Berg Fuji in der grandiosen Landschaft Hakones und die stillen Tempel Kamakuras sind in knapp einer Stunde erreichbar. Bereits unterwegs gewinnt man ganz überraschende Eindrücke vom Charakter des alten, ländlichen Japan mit schönen Bauernhöfen und gepflegten Reisfeldern. Alle drei Ausflüge eignen sich als Tagestouren; einen tieferen Eindruck gewinnt, wer auf dem Land in einem Ryokan übernachtet.**

Natürlich drängen die 30 Mio. Menschen, die in Tokyo und seiner Umgebung leben, in ihrer Freizeit ebenfalls in diese Naherholungsgebiete, und so sollte man als Tourist möglichst nicht an Sonn- und Feiertagen unterwegs sein.

**Tipp** Für Kinder ist **Tokyo-Disneyland** sehr zu empfehlen; es ist sogar noch größer und interessanter als sein amerikanisches Vorbild. Ca. 12 km von Tokyo, Ⓢ Keiyo-Linie bis Maihama.

Seite 52

### ***Nikko

»Sag niemals *kekko* (herrlich), bevor Du nicht Nikko gesehen hast.« Mit diesem Wortspiel, kekko – Nikko, macht man in Japan den Rang der im Norden Tokyos in die großartige Berglandschaft eingebetteten Schreinanlage von Nikko deutlich. Die Bergregion des Nikko-Nationalparks mit ihren ausgedehnten, artenreichen Wäldern und Schluchten, Wasserfällen, Seen, Tempeln und Schreinanlagen gehört zu den schönsten Landschaften Japans und ist mit der berauschenden Farbenpracht ihrer herbstlichen Wälder v. a. im Oktober und November ein attraktives Ziel für Ein- oder Zweitagesausflüge.

Der erste Tokugawa-Shogun Ieyasu (s. S. 20) hinterließ genaue Vorschriften für seine Grablegung. Aus religiösen und politischen Gründen wählte er den Nordosten Tokyos, denn nach überlieferten Vorstellungen drohten aus dieser Richtung böse Geister. Als Buddha-Inkarnation und shintoistischer Kami zugleich wollte der ver-

Das prächtige Yomei-mon im Toshogu-Schrein, Nikko

Seite 52

*Toshogu-Schrein: die berühmten drei Affen, die sich Mund, Ohren und Augen zuhalten*

storbene Herrscher so noch im Tod seine Hauptstadt schützen und damit auch die Macht seines Shogunats und seiner Familie dokumentieren. Zwanzig Jahre nach Ieyasus Ableben rief sein Enkel Iemitsu schließlich 15 000 Handwerker und über 100 der bedeutendsten Künstler seiner Zeit – v. a. solche der chinesisch beeinflussten Kano-Schule – zusammen, um in nur zweijähriger Bauzeit die gewaltigen Monumente inmitten der Berge Nikkos errichten zu lassen.

Die gesamte Anlage, in der sich die meist shintoistischen Bauwerke mit buddhistischen Tempeln und Klosteranlagen mischen, breitet sich über ein weitläufiges, mit uralten Bäumen dicht bewaldetes Berggelände aus. In der Verschmelzung buddhistischer und shintoistischer Elemente ist der Toshogu-Schrein ein gutes Beispiel für den Ryobu-Shinto, der die Shinto-Götter zu buddhistischen Reinkarnationen macht, um beide Glaubensrichtungen zu vereinbaren.

## Besichtigung des Schreingeländes

Das Schreingelände, das man von der Bahnstation in Nikko (25 000 Einw.) zu Fuß relativ schnell erreicht, beginnt an der leuchtend rot lackierten, kunstvoll über den rauschenden Daiya-Fluss geschlagenen **Heiligen Brücke** *(Shinkyo)*, die nur zu zeremoniellen Anlässen betreten werden darf.

Die ersten Gebäude, auf die man nun trifft, gehören zum ***Rinno-Tempel** *(Rinno-ji)*, einem Kloster der Tendai-Sekte (s. S. 25). Sehenswert sind die Haupthalle und die Halle der drei Buddhas *(Sambutsudo)*: Die rechte Statue stellt die tausendarmige Kannon, die Göttin der Gerechtigkeit, dar, die mittlere Amida, den gnadenreichen Buddha, und die linke die pferdeköpfige Bato-Kannon, die Beschützerin der Tiere, vor allem der Haustiere.

Weiter geht es auf der großen, von mächtigen Zedern gesäumten Allee zu der breiten Steintreppe, an der in früherer Zeit das gewöhnliche Volk zurückbleiben musste. Durch ein großes Stein-Torii führt der Weg zum größten Tor des *****Toshogu-Schreins** *(Tosho-gu)*, dem *Nio-mon* (auch: *Omote-mon*). Dahinter liegt der erste Schreinhof mit den prächtig verzierten drei heiligen Speichern, in denen die zeremoniellen Gegenstände für die großen Schreinfeste aufbewahrt werden, und dem Stall für das heilige Pferd. Der Stall blieb als einziges Gebäude unbemalt. Auf seiner Außenwand befindet sich das Schnitzwerk mit den drei berühmten Affen, die sich Mund, Ohren und Augen zuhalten. Sie sind das Urbild zahlreicher Nachschöpfungen dieses Symbols buddhistischer Tugenden: nichts Böses sprechen, nichts Böses hören, nichts Böses sehen.

Eine steile Treppe führt nun zum wohl berümtesten Gebäude Nikkos, dem Traumtor *(Yomei-mon)*. Es ist so reich an Figuren und Verzierungen, Farben und Formen, dass man Stunden damit verbringen kann, alles zu betrachten. Um den Neid der Gottheiten angesichts solcher Prachtentfaltung abzuwenden, wurden die Verzierungen an einer der Säulen falsch herum angebracht.

Die innere Schreinumzäunung ist mit einer Fülle herrlicher, sich nie wiederholender Muster und Schnitzereien versehen. Im dahinter befindlichen zweiten Hof steht die Halle für die Kagura-Kulttänze *(Kagura-den)*, danach folgt das sehr schöne, ganz in Schwarz und Weiß gestaltete chinesische Tor *(Kara-mon)*. Die Hauptgebäude des Schreins sind mit Gold und Japanlack überzogen und ebenfalls reich verziert: die Kulthalle sowie die Haupthalle mit dem Misoradono-Schrein, in dem Ieyasu, Hideyoshi und Yoritomo (s. S. 54) als Gottheiten verehrt werden. Pracht und Reichtum des Toshogu-Schreins sind weit entfernt von den ästhetischen Grundsätzen des vom Zen beeinflussten Wabi und Sabi (s. S. 24), und viele Japaner würden deshalb niemals nach Nikko reisen. Dieses Monument barocken Ausdruckswillens ist jedoch als ein ganz bewusst gesetztes, sichtbares Zeichen für die Größe Ieyasus und seines Shogunats zu verstehen.

**Tipp** Ieyasus verhältnismäßig bescheidene Grabstätte befindet sich oberhalb des Tosho-gu an einem stillen, einsamen Ort, den man über einen steilen Weg rechts vom Schrein erreicht. Auch wenn der Weg etwas beschwerlich ist, lohnen die abwechslungsreichen Aussichten über die Schreinanlage die Anstrengung.

Unterhalb des Schreins, neben dem heutigen Busbahnhof, befindet sich der **Futarasan-Schrein** *(Futarasan-jingu)*, der zu Ehren der Gottheit des Berges Nantai errichtet wurde. Der Schrein ist erheblich älter als der Tosho-gu; er wurde 767 gegründet.

Seite 52

### Abstecher zum **Chuzenji-See

Weiter geht der Ausflug (am besten per Bus) hinauf zum 1271 m hoch gelegenen Chuzenji-See. Die Straße windet sich in 48 atemberaubenden Haarnadelkurven nach oben; man fährt vorbei am **Kegon-Wasserfall** und dem Aussichtspunkt **Akechi-daira**, von dem aus ein einmaliges Panorama zu genießen ist. Eine Schwebebahn führt von hier zu einem luftigen Aussichtspunkt, der einen weiten Blick über Nikko und den auf der anderen Seite des Berges liegenden Chuzenji-See gestattet. Der See liegt wundervoll eingebettet in das Bergpanorama und ist von weitgehend unberührter Natur umgeben.

Hoch über seinem rechten Ufer erhebt sich mit 2484 m der heilige Berg **Nantai**, auf dessen Gipfel sich der Hauptschrein des Futarasan-jingu befindet. Der Mittelschrein des Futarasan-Schreins liegt direkt am See. Er wurde errichtet, um den nicht mehr ganz so fußfesten Pilgern den beschwerlichen, etwa vierstündigen Aufstieg zum Hauptschrein zu ersparen.

Auf einer Fahrt oder Wanderung entlang dem Nordufer zu den **Ryuzu-Kaskaden** kann man die Schönheit der Landschaft am besten genießen. In einem der Uferrestaurants von Chuzenji oder Chugushi sollte man Rast machen und die exzellenten gegrillten Fische versuchen.

Seite 52

**Nikko City TIC,** Tobu Station, 4-3 Matsubaracho, Nikko, Tel. 53-4511.
**Vorwahl: Tel. 0288.**

**Bahnverbindung:** JR von Ueno, Fahrzeit: ca. 2 Std.; bequemer und schneller mit der Tobu-Linie von Asakusa, Fahrzeit: 1 Std. 41 Min.

**Nikko Grand Hotel,** 2549-7 Yumoto, Nikko 321-16, Tel. 62-2411, Fax 62-2414. Kleines Familien-Ryokan, etwa 25 Busminuten oberhalb Chuzenji mit 12 westlichen und 26 japanischen Zimmern und eigener heißer Quelle; ideal, um der Hitze Tokyos zu entfliehen. ❍❍❍

**Nikko Lakeside Hotel,** 2482 Chugushi, Nikko 321-1661, Tel. 55-0321, Fax 55-0771. Sehr angenehmes, kleines westliches Hotel mit ausgezeichneter Küche. ❍❍

**Chuzenji Hotel,** 2478 Chugushi, Nikko 321-16, Tel. 55-0333, Fax 55-0415. Mittelgroßes Ryokan mit 98 japanischen und zwei westlichen Zimmern sowie eigener heißer Quelle. ❍❍

**Hinweis:** In der Hauptsaison (Sommer, Herbst) erheben die Hotels kräftige Zuschläge.

## **Fuji-Hakone-Nationalpark

Einen umfassenden Eindruck von der Schönheit des Hakone-Gebiets erhält man auf folgendem, leicht selbst arrangierbaren Tagesausflug. Man fährt von Tokyo nach **Odawara,** von dort mit der Bergbahn über den beliebten Badeort **Miyanoshita** zur Endstation **Gora.** Hier kauft man sich am besten eine Fahrkarte bis **Atami,** die dann für alle weiteren Fahrten bis zur dortigen Shinkansen-Station für die Rückfahrt nach Tokyo gilt. Sehr zu empfehlen ist der Hakome Free Pass (4130 Yen, gültig zwei Tage für alle Transportmittel im Hakome-Gebiet).

### Rund um den *Ashi-See

Von Gora aus lässt sich der Nationalpark rund um den Ashi-See am besten erkunden. Zunächst gelangt man mit der Zahnradbahn nach **Sounzan,** dann weiter mit der Seilbahn über das »Tal des großen Kochens«, ***Owakudani,** der letzten Stelle, an der in Hakone der Vulkanismus noch dampfend zu Tage tritt, nach **Togendai** am Nordufer des Ashi-Sees. Mit etwas Glück sieht man hier an klaren Tagen den schneebedeckten Kegel des Fuji-san, am schönsten, wenn er sich auf der glatten Oberfläche des Sees spiegelt. Aber auch ohne Fuji-Blick ist die Aussicht über das Hakone-Gebiet herrlich. Rund um den See liegen beliebte Luftkurorte und Sommerhotels, die mit dem Schiff leicht zu erreichen sind.

Mit dem Schiff geht es dann auch weiter quer über den Ashi-See nach **Hakone.** Hier verlief entlang dem Seeufer in der Tokugawa-Periode die berühmte Fernstraße Tokaido von Tokyo nach Kyoto. In dieser Bergregion wirkte Hakone wie ein Nadelöhr für den Durchgangsverkehr. Es lag daher nahe, an dieser Stelle einen der zahlreichen Kontrollpunkte für Durchreisende zu schaffen. Die 1619 errichtete Station wurde 1869 niedergerissen und 1969 restauriert. Von der Kontrollstation erhielt das Gebiet um Tokyo den noch heute gebräuchlichen Namen Kanto (»östlich der Sperre«). Die Rückfahrt nach Atami erfolgt per Linienbus.

*Blick über den Ashi-See zum Fuji-san*

Seite 52

### Der heilige Berg

Der *****Fuji,** in der gebräuchlichen sino-japanischen Lesart Fuji-san, ist mit 3776 m der höchste Berg Japans. Er gilt zu Recht als einer der schönsten Vulkane der Welt. Der 500 mal 220 m große Gipfelkrater wird in Japan als Heiligtum verehrt. Die Besteigung ist nur von 1. Juli bis 31. August möglich, allerdings nicht zu empfehlen: Der heilige Berg büßt aus der Nähe betrachtet viel von seiner Würde ein, die üblichen Massenbesteigungen bringen Unrat und üble Gerüche mit sich. Leider hat insbesondere der innerjapanische Massentourismus dazu beigetragen, dass die einmalige Szenerie und Landschaft in den touristischen

Zentren stark unter der kommerziellen Ausbeutung leidet. Wer dennoch den Aufstieg wagen will, fährt mit dem Bus (ab Shinjuku-Bus-Terminal) bis zur fünften Station, von dort sind es noch etwa vier bis fünf Stunden Gehzeit bis zum Gipfel.

Seite 52

**Bahnverbindung:** Von Tokyo mit dem Shinkansen bis Odawara, Fahrzeit: ca. 40 Min.; oder von Shinjuku aus mit der Odakyu-Linie nach Odawara, Fahrzeit: 92 Min.; weiter s. o.

**Naraya Ryokan,** 162 Miyanoshita, Hakone-machi, Ashigarashimo-gun 250-04, Tel. (0460) 2-2411, Fax 2-6231. Ein klassisches Ryokan mit nur 20 Zimmern und allen Vorzügen japanischer Gastlichkeit; 30 Min. mit Bus oder Bergbahn vom Bahnhof Odawara. ❍❍❍

- **Tenseien,** 682 Yumoto, Hakone-machi, Ashigarashimo-gun 250-03 11, Tel. (0460) 5-5521, Fax 5-7513. Sehr großes Ryokan, ausschließlich japanische Zimmer und eine eigene heiße Quelle; 13 Min. vom Bahnhof Yumoto. ❍❍❍
- **Gora Hotel,** 1300 Gora, Hakone-machi, Ashigarashimo-gun 250-03, Tel. (0460) 2-3111, Fax 2-3115. Kleines Ryokan mit einigen westl. Zimmern und eigener heißer Quelle, eine Minute vom Bahnhof Gora entfernt. ❍❍

## ***Kamakura

Die Stadt Kamakura (180 000 Einw.), südlich von Tokyo an der malerischen Sagami-Bucht auf der Halbinsel Miura gelegen, gehört zu den beliebtesten Wochenendzielen der Tokyoter. Der Ort war von 1192 bis 1333 die eigentliche Hauptstadt Japans, nachdem der Shogun Yoritomo aus dem Herrscherclan der Minamoto seine Militärregierung dem verweichlichenden Hofleben Kyotos entzogen und seine »Zeltregierung« hier errichtet hatte. Nach wechselvoller Geschichte versank die Stadt während der Edo-Periode in Bedeutungslosigkeit. Da die Tokugawa-Shogune zur Legitimierung ihres Machtanspruchs jedoch immer wieder vorgaben, Nachkommen der Minamoto zu sein, sorgten sie dafür, dass die Schreine, Klöster und Tempel Kamakuras über die Jahrhunderte hinweg sorgsam gepflegt und erhalten wurden.

Mit dem Zug von Tokyo kommend kann man die Fahrt bereits in Kita-Kamakura unterbrechen und bei einem Rundgang die wichtigsten Sehenswürdigkeiten im nördlichen Teil der

### Zen und die Kultur Japans

Für die Militärregierung in Kamakura und ihre Kriegerkaste bot die neu aus China kommende Meditationsbewegung des Zen mit ihren Elementen strenge Askese, Willensschulung, Unterordnung unter einen Meister und Konzentration auf das Wesentliche und Notwendige eine ideale geistige Grundlage (s. S. 25). Somit entwickelte sich Kamakura früh zum Zentrum des Zen, zahlreiche Klöster wurden gegründet und berühmte chinesische und japanische Zen-Meister in die Stadt gerufen.

Der Geist des Zen erfüllte bald weite Bereiche des kulturellen und gesellschaftlichen Lebens. In der Ausschaltung aller Nebensächlichkeiten, in der Suche nach dem Wesen der Dinge, im Erleben dieses Wesens aus dem zuvor erfahrenen Nichts als der letzten, eigent-

Stadt erkunden. Nahe dem Bahnhof liegen einige der bedeutendsten Zentempel dicht beieinander.

### ***Engaku-Tempel

Gleich linker Hand in einem Hain von mächtigen alten Zedern steht der 1282 im chinesischen Stil errichtete Engaku-Tempel *(Engaku-ji)*. Beim großen Kanto-Erdbeben von 1923 wurden die meisten Gebäude zerstört; original erhalten sind das **Teehaus** sowie das ****Schatzhaus** *(Shariden)* mit seinem elegant geschwungenen Schindeldach, das zu den wichtigsten architekturgeschichtlichen Monumenten der Kamakura-Zeit zählt. Das zweistöckige **Holztor** strahlt etwas von der Ruhe und Würde des Zen aus. Die **Bronzeglocke** des Klosters aus dem Jahr 1301 gilt als frühes Meisterwerk der japanischen Glockengießerkunst. Zahlreiche Kunstwerke des Engaku-Tempels wurden zu Nationalschätzen

*Traditionelles Bogenschießen im Engaku-Tempel*

Seite 52

lichen Realität finden Zen und kreatives künstlerisches Schaffen eine Übereinstimmung. Die Grundidee des Zen, dass der letzte Grund der Dinge unaussprechlich ist und begrifflich nicht gefasst, sondern nur direkt erfahren werden kann, entspricht der westlichen Erwartung an Kunst: Sie soll uns die Möglichkeit eröffnen, das nicht Beschreibbare erfahrbar zu machen. Ehe der Tuschmaler also den Pinsel in Aktion setzt, ist er durch Versenkung zum Wesen vorgedrungen, seine Hand malt nur noch nach, was zuvor in seiner Ganzheit nicht gedacht, sondern in direkter, ungebrochener Schau erfahren wurde.

Jedes Einzelding ist in sich vollkommen und repräsentiert immer zugleich das Ganze. So erklärt sich die Bevorzugung unverbundener Motive, nicht aufeinander bezogener, isolierter Teildarstellungen, die Vermeidung von Symmetrien und regelmäßigen Anordnungen, aber auch die Liebe zum Einfachen, Schlichten, Unverzierten und Unverstellten in allen Bereichen menschlichen Schaffens, von der Teeschale über das Tuschbild bis hin zur asymmetrisch angeordneten Tempelanlage.

Der Zen-Ausübende, auch der bereits Erleuchtete, befindet sich immer auf dem Weg, japanisch: -do. Die Betonung des Weges, des Unterwegsseins, ist nicht nur die buddhistische Metapher für das Menschsein schlechthin, sondern auch ein Prinzip aller Künste und Kunstfertigkeiten. Do gibt den verschiedensten Tätigkeiten den Namen, z. B. Chado (Teezeremonie; s. S. 27), Judo, Kado (Blumenstecken), Kendo (Stockfechten) oder gar Bushido, der Weg oder auch der Geist des Rittertums.

erklärt; man kann die wertvollsten Stücke heute im Kunstmuseum von Kamakura bewundern.

### Tokei-ji

Seite 52

Auf der anderen Seite der Bahn liegt nach kurzem Fußweg das einzige Nonnenkloster der Stadt, das Tokei-ji, im Volksmund auch »Scheidungstempel« genannt. Im alten Japan konnten misshandelte Ehefrauen einfach dadurch, dass sie ihre Sandalen über die Klostermauer warfen, die Scheidung erlangen. Das Klostergelände ist wegen seiner reichen Blütenpracht ein beliebtes Ausflugsziel (Febr.: Pflaumen; März/Apr.: Magnolien und Kirschen; Apr./Mai: Pfingstrosen; Mai/Juni: Iris).

### Jochi-ji

Auf der gleichen Bahnseite liegt in etwa 15 Minuten Entfernung ein weiterer der fünf berühmten Zen-Tempel der Stadt, der Jochi-ji aus dem Jahr 1283. Auch er fiel im Jahr 1923 dem Erdbeben zum Opfer – alle heutigen Gebäude sind neu. Sein wertvollster Schatz, eine **Jizo-Statue** des großen Bildhauers Unkei (1176–1223), befindet sich im Kunstmuseum.

### ***Tsurugaoka-Hachiman-Schrein

Von Kita-Kamakura fährt man nun eine Station weiter nach Kamakura. Nach Verlassen des Bahnhofs durch den Ausgang in Fahrtrichtung links führt der Weg geradeaus direkt auf die prächtige **Wakamiya-Oji,** über die man zu einem der berühmtesten Schreine, dem Tsurugaoka Hachiman-gu, gelangt. Er ist, herrlich an einem tiefgrünen Berghang gelegen, eines der schönsten Shinto-Heiligtümer überhaupt. Zum Schrein geht man etwa zehn Minuten, wahrscheinlich braucht man aber viel länger, da auf dem Weg interessante Geschäfte und einladende Lokale locken.

*Tsurugaoka Hachiman-gu in Kamakura*

Der Schrein wurde im Jahr 1063 vom Minamoto-Clan als Schutzheiligtum gegründet und 1191 an seinen heutigen Standort versetzt. Er ist dem Kriegsgott Hachiman, dem Schutzgott der Minamoto, geweiht. Das Aussehen des Schreins ist geprägt von dem majestätischen Zinnoberrot der tragenden Bauelemente, denen als Kontrast feine Schnitzereien und farbenfrohe Ausmalungen entgegengesetzt wurden.

Die Tempelanlage zieht sich einen steilen Berghang hinauf, seine ganze Schönheit erschließt sich beim Emporsteigen auf den langen, hohen Steintreppen. Den engen **Innenhof** mit dem Heiligtum, das nicht zu besichtigen ist, umläuft ein offener Korridor mit einer Ausstellung von wertvollen Kunst- und Gebrauchsgegenständen wie Rüstungen, Waffen, Tragschreinen und Tanzmasken.

Rechts neben dem Schrein erhebt sich das ***Städtische Museum** *(Kamakura Kokuhokan)*. Hier werden die wichtigsten Kunstschätze aus den umliegenden Klöstern aufbewahrt.

*Der Große Buddha im Kotoku-Tempel von Kamakura*

### ***Daibutsu

Absolutes Muss – nicht nur einer Reise nach Kamakura, sondern jeder Japan-Reise – ist der Besuch des **Kotoku-Tempels** mit dem Daibutsu, dem Großen Buddha von Kamakura. Die Figur stand ursprünglich wie der Daibutsu des Todai-ji in Nara (s. S. 72), in einer Tempelhalle, die von einer Springflut im Jahr 1495 weggespült wurde. Um die Figur herum kann man noch die Grundsteine sehen, auf denen einst die Holzsäulen der Halle ruhten.

Die sitzende, riesige Figur (11,4 m hoch, Höhe des Gesichts 2,3 m, Gewicht 93 t) wurde 1252 von Ono Goroemon aus einzelnen Bronzeplatten zusammengesetzt. Sie nimmt die Mudra-Haltung des höchsten Grades ein: Die Handflächen liegen, nach oben gekehrt, aufeinander, die beiden Zeigefinger stehen senkrecht, berühren sich und bilden zusammen mit den Daumen die zwei Kreise der Vollkommenheit. Diese Haltung drückt in der Symbolsprache des esoterischen Buddhismus »festen Glauben« aus. Die Augen sind halb geschlossen, die runden Schultern und der sich nach unten und innen verengende Faltenwurf des weiten Gewandes geben der Statue den Ausdruck konzentrierter Ruhe, vollkommener Stille und leidenschaftsloser Versenkung. Diese Figur, die trotz ihrer Größe leicht und elegant wirkt, zählt mit Recht zu den erhabensten Kunstwerken der Welt (Öffnungszeiten: tgl. 7–17.30 Uhr).

In der Nähe liegt in einem herrlichen Garten der im Jahre 686 gegründete **Hase-dera.** Der Blick über die Sagami-Bucht ist einmalig. Im Tempelbezirk stehen Tausende von Miniaturfiguren, *Jizobosatsu,* zur Erinnerung an tot geborene und abgetriebene Kinder.

Seite 52

**Kamakura TIC,** Kamakura Station (Ostausgang), 1-1-1 Komachi, Kamakurashi, Tel. (0467) 22-3350.

An der Wakamiya-Oji gibt es viele gute Restaurants.

#### Feste

**Kamakura-matsuri** vom 7. bis 14. April mit einem großen historischen Umzug an dem in diese Zeit fallenden Sonntag. Vom 14. bis 16. September findet vor dem Tsurugaoka-Hachiman-Schrein das berühmte **Yabusame-Fest** statt, bei dem in Samurai-Rüstung gekleidete Reiter vom galoppierenden Pferd aus mit dem Bogen Zielschießen üben, ein rasantes Schauspiel, das etwas von der kriegerischen Wildheit des alten Japan spüren lässt.

# ***Kyoto

## Stadt der Tempel und Klöster

Seite 62

**Kiyomizu-Tempel → *Silberner Pavillon → **Nijo-Schloss → **Daitoku-Tempel → ***Goldener Pavillon → ***Ryoanji-Tempel**

Kyoto gilt als Inbegriff japanischer Kultur. Eine erste flüchtige Begegnung muss indes jeden Besucher enttäuschen: Gesichtslose Straßenzüge mit bunter Zufallsarchitektur zerstören zunächst alle hoch gespannten Erwartungen. Aber plötzlich endet eine Häuserzeile. Mächtige weiße, mit schweren schwarzen Ziegeln harmonisch abgedeckte Mauern ziehen sich fast einen Kilometer weit die Straße entlang. Durch reich verzierte große Tore gelangt man auf ein weiträumiges Gelände, aus den weißen Kiesflächen erheben sich mächtige Tempelbauten. Man tritt in die fremde, ja fast geheimnisvolle Welt des Higashi-Hongan-Klosters und fühlt sich sogleich in eine andere Zeit versetzt. Ein solcher plötzlicher Sprung aus der lärmenden Gegenwart in die umhegte Stille von Schlössern, Gärten, Tempeln und Schreinen gelingt in Kyoto auf Schritt und Tritt. Überall findet man architektonische Kostbarkeiten von zeitloser Schönheit. Drei bis vier Tage sollte man einplanen, um einen guten ersten Eindruck von dieser Stadt zu gewinnen.

## Geschichte

In früher Zeit wechselten aus kultischen Gründen die Kaiserresidenzen mit jedem neuen Herrscher. Dieser aufwändige Brauch verlor mit der immer zentraleren Rolle des Kaiserhauses und den damit wachsenden höfischen Funktionen und Institutionen zunehmend an Praktikabilität. So blieb Nara im 8. Jahrhundert bereits für insgesamt 74 Jahre Regierungssitz. Kaiser Kammu (781–806) begann im Jahr 784 mit der Verlegung seiner Hauptstadt in die Gegend des heutigen Kyoto.

Heiankyo, die Hauptstadt des Friedens, wie dieser Ort zunächst hieß, wurde schließlich ab dem Jahr 793 nach dem Vorbild der damals blühenden chinesischen Hauptstadt der Tang-Dynasie, Chang'an, auf freiem Feld errichtet. Hierbei ging man recht unjapanisch nach einem streng geometrischen Plan vor, dessen rechtwinkliger Straßenverlauf noch heute zu erkennen ist. Die den Kamo-Fluss querenden Straßen erhielten keine Namen, sondern wurden einfach der Reihe nach durchnummeriert, wobei man im Norden mit der Ichijo (*ichi* = eins) begann.

Die Stadt erlebte nach einer glanzvollen frühen Blütezeit in der nach ihr benannten Heian-Periode ein wechselvolles, oftmals schweres Geschick. Kriegerische Mönchsorden hielten sie zeitweilig im Griff, danach wurde sie Opfer von Truppen des Shoguns und wiederholter Auseinandersetzungen verschiedener Fürstenclans.

Als Oda Nobunaga die nun Kyoto genannte Stadt im Jahr 1569 eroberte, fand er sie in einem erbärmlichen Zustand vor. Er und sein Nachfolger Hideyoshi begannen unter großem Aufwand mit dem Wiederaufbau. Obwohl Kyoto mit dem Aufstieg Tokyos unter den Tokugawas nie wieder seine alte Bedeutung erlangen konnte, blieb es bis heute die unumstrittene Kulturhauptstadt Japans.

## Sehenswürdigkeiten im Süden

### **To-ji ❶

Gleich hinter dem Bahnhof (Südseite) liegt der älteste Tempel Kyotos, der To-ji, zwischen der achten und neunten Straße (Hachijo und Kujijo). Er wurde zwei Jahre nach Gründung der Stadt errichtet und 823 von Kobo Daishi, dem politisch einflussreichen Gründer der Shingon-Sekte (s. S. 25), als Hauptsitz übernommen. Die große Halle ist einer der größten Sakralbauten, die fünfstöckige Pagode mit 56 m die höchste des Landes. Im Schatzhaus ist eine große Sammlung wertvoller Bildrollen und bedeutender Kunstschätze untergebracht.

Auf dem Gelände des Toji-Tempels findet an jedem 21. eines Monats der größte **Flohmarkt** der Kansai-Region statt.

### Zum Higashi-Hongan-Kloster

Gleich beim Verlassen des Bahnhofs durch den nördlichen Ausgang steht man vor dem **Kyoto Tower** mit dem Informationsbüro (TIC).

**Kyoto mit der U-Bahn**

Kyoto besitzt zwei U-Bahnlinien; die eine unterquert Kyoto entlang der Karasuma-dori und verbindet den Bahnhof mit der Mitte Kyotos (Kaiserpalast, Nijo-Schloss) und den nördlichen Stadtteilen (Daitokuji-, Kinkakuji-Ryoanji-Tempel), während die zweite Linie quer dazu entlang der Shijodori bis Saiini verläuft: zwei rasche und preiswerte Alternativen zu den sehr langsamen Bussen.

*Higashi-Hongan-Kloster*

Seite 62

Rechter Hand beginnt die Karasuma-dori, auf der man zum ***Higashi-Hongan-Kloster** *(Higashi-Hongan-ji)* ❷ gelangt. Das Kloster ist der Hauptsitz des Otani-Zweigs der Jodo-Shin-Sekte, der durch die von Ieyasu veranlasste Teilung der Sekte entstand – sie war ihm zu mächtig geworden. Es sind nur einige Bereiche des Tempelgeländes sowie die große Haupthalle frei zugänglich. Nach Voranmeldung kann man jedoch das sehr weitläufige übrige Areal und weitere Gebäude besichtigen. Sie stammen fast alle aus dem 19. Jahrhundert, sind aber getreue Rekonstruktionen der Momoyama-Bauten. Sehenswert ist die Nachbildung des prachtvollen, nur den kaiserlichen Boten offen stehende **Chokushi-Tors,** das zu Hideyoshis legendärem Schloss in Fushimi bei Kyoto gehörte.

Wenn man nach Verlassen der Klosteranlage die Karasuma-dori überquert, gelangt man zum **Shosei-Garten** *(Shosei-en)* mit der Abtsresidenz des Higashi Hongan-ji, ****Kikokutei ❸**. Die Residenz besteht aus Originalbauten des Fushimi-Palasts, die nach Toyotomi Hideyoshis Tod hierher versetzt wurden. Der sehenswerte Landschaftsgarten ist zum Teil das Werk des berühmten Teemeisters, Dichters und Gartengestalters Kobori Enshu.

Seite 62

**Nishi-Hongan-Tempel ❹**

Westlich vom Hauptbahnhof, an der Horikawa-dori, der zweiten wichtigen Längsstraße Kyotos, liegt der Nishi-Hongan-Tempel *(Nishi-Hongan-ji)*, der Hauptsitz der zweiten Hälfte der von Tokugawa Ieyasu gespaltenen Jodo-Shin-Sekte; er ist der kunstgeschichtlich und historisch bedeutendere. Ohne weiteres zugänglich sind ein großer Teil des weiten Tempelgeländes mit der nördlichen und südlichen No-Bühne sowie die Haupthalle aus dem Jahr 1760 mit der Statue des Amida-Buddhas.

**Tipp** Die Besichtigung der weiteren überaus sehenswerten Räume

## Die Geisha

Geisha und Fuji, Kirschblüten und Mandelaugen, Kimono und Essstäbchen – man könnte die Liste westlicher Japan-Klischees beliebig lange fortsetzen und würde damit nichts über die Wirklichkeit Japans sagen und dennoch etwas durch und durch Japanisches umschreiben. Beim Wort Geisha denkt der westliche Mann an raffinierte Erotik und durch eingeübte Konventionen verfeinerte Prostitution. Vorab ist festzustellen, dass die Tradition der Geisha-Unterhaltung heute keine nennenswerte Rolle mehr in Japan spielt. Das liegt nicht nur an den sehr hohen Kosten – Ausbildung und Ausstattung belaufen sich auf mehrere hunderttausend Mark, die amortisiert sein wollen –, sondern auch an der sich verändernden Realität. Urspünglich durchaus in einem Bereich angesiedelt, in dem sich Tanz, gesangliche und instrumentale Unterhaltung sowie käufliche Liebe eng berührten, löste sich der Beruf der Geisha nach der gesetzlichen Abschaffung des Menschenhandels 1872 endgültig von der Prostitution. Es verblieb die Aufgabe, in die nüchternen, von strengen Regeln und Verpflichtungen bestimmten Beziehungen innerhalb der Männergesellschaft einen Hauch von Poesie, Schönheit und kultivierter Zerstreuung zu bringen. Mit der allmählichen Auflösung dieser Gesellschaftsstruktur und der Einbeziehung von Ehefrauen und Familien ins berufliche und gesellschaftliche Umfeld der Männer wurde diese Funktion jedoch zunehmend überflüssig.

In den schönen altertümlichen Gassen des Kyotoer Gion-Viertels kann man mit etwas Glück gelegentlich Vertreterinnen dieses aussterbenden Berufes begegnen.

ist nach formloser Anmeldung im Tempelbüro am Vortag innerhalb einer Führung möglich.

Besondere Beachtung verdient die riesige Staats- und Empfangshalle Hideyoshis, **Shiro-shoin,** sowie die nach ihren jeweiligen malerischen Hauptmotiven benannten Aufenthalts- und Gesellschaftsräume (z. B. Pfauen-, Spatzen- und Trauerweidenzimmer). Die Räume sind äußerst kostbar ausgestattet. Auf dem Goldgrund der Schiebetüren haben die großen Maler und Holzschnitzer der Kano-Schule Pflanzen, Tiere, Tanzfächer und historische Szenen in bunter Vielfalt hinterlassen; prächtige, zum Teil bemalte Schnitzereien zieren die Holzrahmen über den Türen und die Kassettendecken. Aus konservatorischen Gründen werden die Räume nicht künstlich beleuchtet.

Etwas versteckt steht im südöstlichen Bereich des Klostergeländes auf umzäuntem Grund der **Hiun-kaku-Pavillon,** das Tee-, Bade- und Ruhehaus Hideyoshis. Das ganz in asymmetrischem Baustil errichtete zweistöckige Gebäude aus unbemaltem Holz mit aufgesetztem kleinen Mondbesichtigungszimmer wirkt durch seine strahlend weißen Papierschiebetüren und seine leichte, beschwingte Eleganz wie ein bewusst gesetzter Kontrapunkt zu den schweren, mächtigen Staatsgebäuden. Nur kleine Gruppen werden zur Besichtigung des Pavillons zugelassen.

## Südöstlicher Stadtbezirk

Überquert man auf der Höhe des Kyoto Tower die Karasuma-dori und geht weiter geradeaus in östlicher Richtung, ist der Kamo-Fluss schnell erreicht.

*Kannon-Statuen im Sanju-sangendo-Tempel*

### **Sanju-sangendo-Tempel ❺

Von hier aus sind es nur wenige Minuten zu Fuß zum Sanju-sangendo-Tempel *(Sanju-sangendo).* Sanju-san bedeutet dreiunddreißig. Mit dieser Zahl sind die genormten Zwischenräume zwischen den Säulen des lang gestreckten Gebäudes (119 m) gemeint, die wiederum die 33 Stufen der Menschwerdung der Kannon symbolisieren. Im Innern der Halle stehen in einer langen Reihe 1001 kleine Statuen der Kannon und 28 ihrer Anhänger. Die Göttin selbst wurde von einem der berühmtesten Bildhauer Japans, Tankei, um 1254 geschaffen – eine über 3 m hohe **Statue der tausendarmigen Kannon,** die mit zu den bedeutendsten Bildwerken der Heian-Periode zählt.

### **Nationalmuseum ❻

Auf der anderen Seite der Shichijo-dori, gegenüber dem Sanju-sangendo, befindet sich das Nationalmuseum *(Kokuritsu hakubutsukan).* Der reiche Bestand dieses Museums gibt

Seite 62

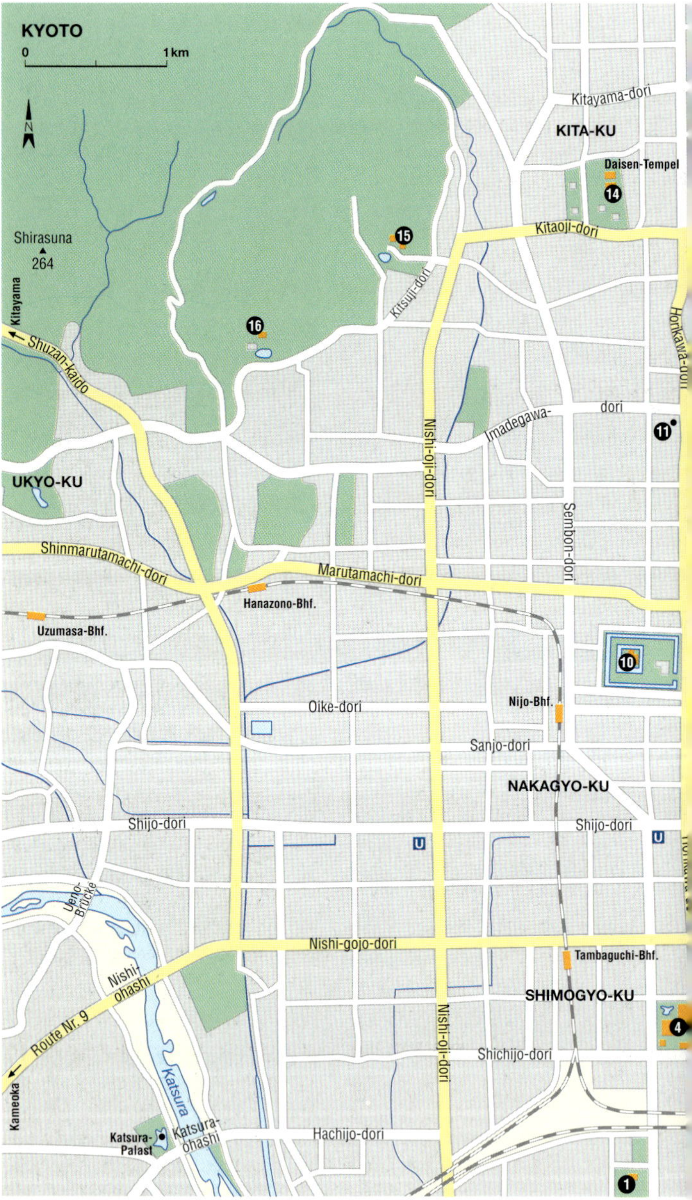
KYOTO
0
1 km
N
Shirasuna
264
Kitayama
Shuzan-Kaido
UKYO-KU
Shinmarutamachi-dori
Uzumasa-Bhf.
Hanazono-Bhf.
Marutamachi-dori
Kitsuji-dori
Nishi-oji-dori
Imadegawa-
dori
Kitayama-dori
KITA-KU
Daisen-Tempel
14
15
16
Kitaoji-dori
Horikawa-dori
11
Sembon-dori
10
Nijo-Bhf.
Oike-dori
Sanjo-dori
NAKAGYO-KU
Shijo-dori
Shijo-dori
U
U
Ueno-Brücke
Nishi-gojo-dori
Tambaguchi-Bhf.
Nishi-ohashi
Route Nr. 9
SHIMOGYO-KU
4
Kameoka
Shichijo-dori
Nishi-oji-dori
Katsura
Katsura-Palast
Katsura-ohashi
Hachijo-dori
1

Obama
Shugakuin-Palast
Takano
Kamo
Kitaoji-dori
Shimogamo-hon-dori
Kawabata-dori
Shirakawa-dori
SAKYO-KU
Higashioji-dori
Karasuma-dori
KAMIGYO-KU
Imadegawa-dori
Daimonji
466
Kyoto Handicraft Center
Maratumachi- dori
Kawaramachi-
dori
Oike-dori
Sanjo-dori
Gion Corner
Yasaka-Halle
Yamato-oji-dori
Kamo
Gojo-dori
Shosei-garten
HIGASHIYAMA-KU
1 To-Tempel
2 Higashi-Hongan-Kloster
3 Kikokutei-Abtresidenz
4 Nishi-Hongan-Tempel
5 Sanju-sangendo-Tempel
6 Nationalmuseum
7 Kiyomizu-Tempel
8 Silberner Pavillon
9 Kaiserpalast
10 Nijo-Schloss
11 Nishijin-Textilzentrum
12 Heian-Schrein
13 Okazaki-Park
14 Daitoku-Tempel
15 Goldener Pavillon
16 Ryoanji-Tempel

Seite 62

*Vom Kiyomizu-Tempel bietet sich ein wunderbarer Blick über Kyoto*

*Mönche im Ginkaku-ji*

einen umfassenden Überblick der japanischen Kunst und Geschichte. Sein ältester Teil, das alte kaiserliche Museum, ist selbst ein historisches Dokument: Mit seinen roten Ziegelsteinen und dem viktorianischen Baustil stellt es ein prägnantes Beispiel für die frühe Übernahme westlicher Architektur dar. Bei den meisten Exponaten handelt es sich um Leihgaben aus Klöstern und Schreinen der Kansai-Region, die hier sorgsam konserviert und so der Nachwelt erhalten werden, was in den finanziell meist nicht besonders gut gestellten Klöstern und Schreinen nicht möglich wäre. Im Erdgeschoss sind die archäologischen Sammlungen, Keramik und Skulpturen untergebracht, im ersten Stock Malerei, Kalligraphie, Textilien, Lackwaren und Metallarbeiten.

### **Kiyomizu-dera ❼

Knapp 2 km nordöstlich des Nationalmuseums liegt an einem Berghang einer der schönsten Tempel der Stadt, der Kiyomizu-dera. Über eine pittoreske, enge Ladenstraße mit vielen kleinen Geschäften, in denen traditionelle Töpferei- und Porzellanprodukte angeboten werden, steigt man zum Tempel auf. Die heutigen Gebäude des im Jahr 805 gegründeten Kiyomizu-dera stammen aus der Momoyama-Periode. Mithilfe einer kühnen Holzkonstruktion, die an ihrer höchsten Stelle 50 m senkrecht aufragt, hat man auf einem Steilhang eine künstliche Plattform geschaffen, auf der der Tempel ruht. Von hier aus bietet sich ein wundervoller Blick auf Kyoto.

### ***Silberner Pavillon ❽

Nun fährt man entweder per Taxi oder mit dem Bus weiter (drei Stationen mit Bus Nr. 18, 202, 206 oder 207, dann Nr. 5) bis zur Station Ginkakuji-michi, um von hier aus zu Fuß zum Silbernen Pavillon *(Ginkaku-ji)* zu gelangen. Der Tempel gehört auf jeden Fall zu den anmutigsten architektonischen und gartenbaulichen Sehenswürdigkeiten Kyotos. 1482 von dem Ashikaga-Shogun Yoshimasa als Landsitz errichtet, wurde der Ginkaku-ji nach dessen Tod in ein Kloster umgewandelt.

Der Raum im ersten Stock, der durch seine für die Zen-Architektur typischen schlüssellochförmigen Fenster hervorsticht, war der stillen Betrachtung des Vollmonds gewidmet. Von hier aus blickt man auf den darunter liegenden ****Zen-Garten:** Eine weiße Sandfläche mit einem geometrisch exakt geformten Stumpfkegel stellt den chinesischen Westsee und den Berg Fuji dar. Im Pavillon selbst befindet sich der viereinhalb Tatami-Matten-große **Teeraum,** der als Vorbild

*Zen-Garten des Ginkaku-ji*

aller klassischen Teeräume gilt. Der Tempel, der Sand- und der sich dahinter ausbreitende Moosgarten, der weite Park, der sich allmählich im ansteigenden Bergwald verliert, sowie die zum Tempel führenden Wege und Tore bilden eine in sich geschlossene atmosphärische und ästhetische Einheit, wie man sie vollkommener nur selten findet.

### ***Kaiserpalast ❾

Im Zentrum Kyotos, ausgehend von den U-Bahnstationen Marutamachi oder Imadegawa, führt ein weiterer Spaziergang zunächst zum Kaiserpalast *(Kokyo)*. Die Palastanlage, in einem großen rechteckigen, ummauerten Gelände von etwa 84 ha gelegen, wird seit der Meiji-Restauration nur selten vom Kaiser aufgesucht.

**Tipp** Unter der Woche sind das Gelände und einige Gebäude frei zugänglich. Für eine umfassende Besichtigung ist beim Büro des Kaiserlichen Haushaltsministeriums neben dem für Besucher geöffneten oberen Westtor **Seisho-mon** formlos eine Besuchserlaubnis zu beantragen.

Der heutige Palast wurde um 1855 nach mehreren Bränden im alten Stil wieder aufgebaut. Er besteht aus 18 meist durch gedeckte Korridore verbundenen Einzelgebäuden. Westliche Besucher, die bei dem Wort »Palast« häufig an einen großen, geschlossenen Gebäudekomplex denken, sind zunächst überrascht. Man muss nämlich wissen, dass die japanische Palastarchitektur genau wie die Klosterarchitektur für unterschiedliche Funktionen separate Gebäude vorsieht. Die beiden wichtigsten Bauten des Kaiserpalasts sind die große **Zeremonienhalle** *(Shishiden)*, in der die Krönung stattfindet, und der heute für zeremonielle Zwecke genutzte ehemalige Wohnbereich des Kaisers, **Seiroden.** Alle Gebäude sind aus naturbelassenem Holz errichtet und mit Rindendächern gedeckt.

Seite 62

### **Nijo-Schloss ❿

Südwestlich vom Kaiserpalast an der Horikawa-dori liegt das prächtige Nijo-Schloss der Tokugawa. Es ist ebenfalls in mehrere, durch geschlossene Korridore verbundene Gebäudeteile gegliedert. Auffallend sind die burgartigen Befestigungsanlagen. Die »singenden« Dielen – die Hölzer reiben sich beim Betreten und geben einen warnenden Ton von sich – in den langen Fluren, die zu den Gemächern des Shoguns führen, und die mächtigen Mauern und Gräben machen deutlich, wie groß das Sicherheitsbedürfnis der damaligen Herrscher war.

Der stilistische Unterschied zum Palast ist ebenfalls groß: Alles ist auf Wirkung und Repräsentation angelegt, dennoch wirkt die gesamte Anlage nicht protzig. Die anmutigen Gebäude mit ihren harmonisch ausladenden schwarzen Dächern und goldverzierten Giebeln gliedern sich ganz natürlich in den weiten, lichten Landschaftsgarten ein. Im Innern zeugen die reichen Schnitzereien und Deckengemälde jedoch vom ungebrochenen Geltungsdrang der Shogune.

Seite 62

*Wachturm des Nijo-Schlosses*

**Seidenviertel Nishijin**

Rund zwei Kilometer nördlich des Nijo-Schlosses und etwa 800 m westlich der U-Bahnstation Imadegawa befindet sich das alte Seidenviertel Nishijin. In den schmalen Seitenstraßen kann man noch in die offenen Webereien, für die Kyoto von alters her berühmt ist, einen Blick werfen. Sehenswert sind die Ausstellungen und perfekt arrangierten Vorführungen im **Nishijin-Textilzentrum** *(Nishijin Silk Center)* ⓫. Trotz des kommerziell-touristischen Charakters sollte man sich nicht vom Besuch abhalten lassen, denn das Seidenzentrum bietet hervorragende Einkaufsmöglichkeiten.

***Heian-Schrein ⓬**

Südöstlich vom Kaiserpalast, und von dort aus bequem zu Fuß zu erreichen, liegt der Heian-Schrein *(Heian-jingu)*. Er wurde erst im Jahr 1895 zum 1100. Jahrestag der Gründung der Stadt erbaut. Dennoch ist er ein sehenswertes Beispiel für eine weit ältere Architektur: Der Schrein ist in verkleinertem Maßstab (5:8) die getreue Nachbildung des Kaiserpalasts aus dem Jahr 794, der ganz im chinesischen Stil errichtet worden war, wofür sein symmetrischer Aufbau charakteristisch ist. Links neben dem Hauptgebäude führt ein Tor zu einem sehr schönen großen **Landschaftsgarten** – nicht nur zur Kirschblüte ein wahrhaft traumhafter Ort zum Verweilen.

**Okazaki-Park ⓭**

Im Süden des Schreins schließt sich der Okazaki-Park *(Okazaki-koen)* mit dem städtischen **Kunstmuseum** und dem **Museum für moderne Kunst** an. Auf der gegenüberliegenden Straßenseite befindet sich das traditionsreiche ***No-Theater** *(Kanze-kaikan)* – Vorstellungsbeginn am späten Nachmittag, Eintritt ist jederzeit möglich.

An der Shijo-dori am Ufer das Kamu-Flusses liegt das mehrstöckige Restaurant **Izumoya** mit seinen charakteristischen Glaswänden; hier kann man das gesamte Spektrum der japanischen Küche kennen lernen. ○○–○○○

Nördlich des Heian-Schreins auf der Marutamachi-dori präsentiert das **Kyoto Handicraft Center** ein reiches Angebot traditioneller Kunst- und Kunsthandwerksprodukte wie Kimonos, Farbholzschnitte u. a.

## Kyotos Nordwesten

Im Nordwesten Kyotos liegen die wohl berühmtesten öffentlich zugänglichen Tempel der Stadt. Man fährt vom Bahnhof am besten mit der U-Bahn bis Kitaoji oder mit dem Bus Nr. 5 bis Daitokuji-mae an der Kitaoji-dori.

*Im Heian-Schrein, Kyoto*

Steingarten des Daisen-Tempels

Seite 62

## **Daitoku-ji ⓮

Hier steht einer der Haupttempel der zen-buddhistischen Rinzai-Sekte, der Daitoku-ji. Der Tempel mit seinen 23 Untertempeln nimmt ein weites, von der Stadt sorgsam abgetrenntes Gelände ein. Das von der Kitaoji-dori aus gesehen nächstliegende Tor ist das **Chokushi-mon** mit einem geschwungenen Reetdach; es gehörte ursprünglich zum alten Kaiserpalast. Das zweite Tor **Kara-mon,** in barockem, reich verzierten Muromachi-Stil, wurde von Hideyoshis Fushimi-Schloss hierher versetzt. Das zweistöckige **Sam-mon-Tor** schließlich, ein Werk des wohl berühmtesten Teemeisters, Sen-no-Rikyu (1521 bis 1591), sticht durch seinen klaren, strengen Stil hervor.

Eine überragende Rolle kommt dem kleinen **Daisen-Tempel** *(Daisen-in)* in der Anlage des Daitoku-ji zu. Er repräsentiert nicht nur in seinem weltberühmten vierteiligen Garten, sondern auch in seinen Gebäuden Zen-Architektur in Reinkultur. Hier werden auf dem Grundprinzip von Einfachheit, Klarheit und praktischer Funktionalität alle Räume unter einem Dach vereint. Diese kompakte Bauweise gab es schon früher; aus Sicherheitsgründen bei den Samurai-Anwesen *(Buke-zukuri),* oder aus Gründen der Sparsamkeit bei den städtischen Kaufleuten. Im Daisen-in aber folgt die Architektur einem rein geistigen Prinzip. Die vier **Steingärten,** die rings um das Kloster separat angelegt wurden, sind sehr unterschiedlichen Charakters. Der erste mit dem Namen »Großer Ozean« ist ein reiner Sand-Kies-Garten. Der kleinste Garten, gleich hinter dem Eingang, ist ebenfalls ein Trockengarten ohne jede Pflanze. Die Steinsetzungen sind vielfältig deutbar, und jeder Fremdenführer hat seine eigene Erklärung parat. Der dritte Garten bildet eine wilde Felsenlandschaft mit wenigen Bäumen und Sträuchern. Der letzte Garten, »Mittlerer Ozean«, ist wiederum sehr streng und karg mit nur einem einzigen Baum und Strauch gestaltet. Die vier Gärten geben trotz vieler Deutungen dem Betrachter nichts vor und dienen gerade deshalb als stiller Ort der Meditation.

## ***Goldener Pavillon ⓯

Weiter westlich, am Ende der Kitaoji-dori liegt der Goldene Pavillon *(Kinkaku-ji),* den man zu Fuß vom Daitoku-ji in ca. 20 Min. erreichen kann. Das von dem Ashikaga-Shogun Yoshimitsu (1358–1408) als Residenz und Landschaftsgarten erworbene und nach dessen Tod zum Kloster umfunktionierte anmutige Bauwerk wurde 1950 von einem verwirrten Zen-Novizen in Brand gesteckt und 1955 wieder aufgebaut. Der Pavillon und der ihn umgebende Landschaftsgarten mit Teehaus bilden eine ästhetische Einheit von einzigartiger Schönheit.

## ***Ryoanji-Tempel

Nach einem Fußweg von wiederum etwa 20 Min. entlang der Kitsuji-dori erreicht man den wohl berühmtesten und im besten Sinne eigenartigsten Zen-Garten Japans, den **Steingarten** des **Ryoanji-Tempels** ⓰. Der vom Zen-

*Einzigartig: der Goldene Pavillon mit dem ihn umgebenden Landschaftsgarten*

Seite 62

Meister Soami 1473 geschaffene Trockengarten, der von einer bescheidenen, ziegelgedeckten Lehmmauer umgeben ist, ist das extremste Beispiel für einen Garten aus Stein und Sand *(Kare-san-sui)*. Auf einer in regelmäßigen Längsrillen geharkten weißen Kiesfläche, die weder Baum noch Strauch enthält, sind 15 größere und kleinere Steine und Felsen in Gruppen zu sieben, fünf und drei verteilt. Um diese Gruppen herum ist der Kies in Wellenringen kreisförmig geharkt, so dass ein Bild von Inseln im Meer oder aus dem Nebel herausragenden Bergen entsteht. Der Garten ist von außergewöhnlicher Einfachheit und ausgeklügelter Raffinesse zugleich. Dem westlichen Besucher erschließt sich deren Harmonie erst allmählich; am Ende vermag er vielleicht in diesem kargen Kiesfeld den von allem Unwesentlichen befreiten, absoluten Garten zu erkennen.

Bemerkenswert sind auch die Tuschgemälde auf den großen Schiebetüren des Tempels, die von Kakuo Satsuki stammen. Der Tempelpark ist nach dem Prinzip der geborgten Landschaft, d. h. unter bewusster gestalterischer Einbeziehung der Berge und Landschaften jenseits der Parkmauern in das Gesamtbild, angelegt. Dies wird deutlich, wenn man von Süden über den künstlichen Teich (12. Jh.) blickt.

In seinem meisterhaften Roman **Der Tempelbrand** schildert Yukio Mishima die Geschichte des psychisch kranken Zen-Novizen, der den Tempel aus Eifersucht auf dessen vollkommene Schönheit anzündete. Der Roman ist leider vergriffen, wird aber von jeder Stadtbibliothek geführt.

## Infos

**Kyoto TIC** (im Gebäudekomplex des Kyoto Tower), 1st Floor Kyoto Tower Building, Shichijo-Karasuma Sagaru, Shimogyo-ku, Kyoto 600-8216, Tel. 371-5649.
**Vorwahl Kyoto: Tel. 075.**

**Bahnverbindung:** Von Tokyo mit dem Shinkansen, Fahrzeit: 2 1/2 Std.

Seite 62

*Restaurant im Gion-Viertel*

*Japanisches Puppentheater (Bunraku) kann man in der Yasaka-Halle sehen*

**The Miyako,** Sanjo Keage, Higashiyama-ku, Kyoto 605-0052, Tel. 771-7111, Fax 751-2490, www.miyakohotel.co.jp. Erstes Haus am Platz; großartige Gartenanlagen; am Stadtrand in der Nähe des Maruyama-Parks gelegen. Sehr gute Restaurants. ❍❍❍

▮ **New Miyako Hotel,** Hachijoguchi, Kyoto-eki, Minami-ku, Kyoto 601-8412, Tel. 661-7111, Fax 661-7135, www.newmiyako.co.jp. Großes Hotel direkt auf der Südseite des Bahnhofs; guter Service, Küche nicht allzu empfehlenswert. ❍❍❍

▮ **Hotel New Hankyu,** 579 Higashi-Shiokojicho, Higashi-iru, Shiokoji-dori-Shinmachi, Shimogyo-ku, Kyoto 600-8216, Tel. 343-5300, Fax 343-5324, www.newhankyu.co.jp. Mittelgroßes Hotel, 3 Min. vom Bahnhof, mit guter japanischer und chinesischer Küche. ❍❍

▮ **Kyoto Tower Hotel,** Higashi-Shiokojicho, Shichijo-sagaru, Karasuma-dori, Shimogyo-ku, Kyoto 600-8519, Tel. 361-3211, Fax 343-5645. Mittelgroßes Hotel in günstigster Lage direkt am Bahnhof. ❍❍

▮ **Dai-ni Tower Hotel,** 570-1 Higashi-Shiokojicho, Shichijo-sagaru, Shimogyo-ku, Kyoto 600-8519, Tel. 361-3261, Fax 351-6281. Direkt am Bahnhof gelegenes, mittelgroßes Hotel ohne besonderen Komfort. ❍

Neben den im Zusammenhang mit den Hotels empfohlenen Restaurants gibt es in Kyoto eine Vielzahl hervorragender Lokale. Preiswerte Gerichte bekommt man im Untergeschoss des Hauptbahnhofs und in den Restaurants im Untergeschoss des Tower Hotel (Zugang über die Rolltreppe des dortigen Warenhauses); diese schließen alle bereits gegen 19.30 Uhr. Exklusive japanische Speiselokale finden sich im Gion-Viertel.

**Theater:** Im ersten Stock der Yasaka-Halle, am Rand des Gion-Viertels (Gion Corner), gibt es täglich um 19.40 und 20.40 Uhr im Eiltempo Vorführungen der traditionellen Künste wie Teezeremonie, Koto-Musik, Ikebana, Gagaku (Hofmusik), Kyogen (burleskes Zwischenspiel des No), Kyomai (Kyoto-Tanz) und Bunraku (Puppentheater). Wer keine Zeit oder Gelegenheit hat, diese Künste im Original zu sehen, kann hier trotz aller Vorbehalte erste Eindrücke gewinnen (Hanamikoji-dori, Tel. 561-1119).

# Ausflüge von Kyoto

## Ins alte Herz Japans

*****Nara → ***Horyuji-Kloster → *Ise-Halbinsel**

**Kyoto bildet das Zentrum des alten japanischen Stammlands Yamato mit reichen Zeugnisse der großen japanischen Geschichte. Immitten einer schönen Landschaft liegen die alte Kaiserstadt Nara mit ihren bedeutenden Schätzen, das historisch und kunstgeschichtlich interessante Horyuji-Kloster sowie die Ise-Halbinsel mit dem Heiligtum der Sonnengöttin Amaterasu. Alle drei Besichtigungen lassen sich bequem als Tagesausflüge von Kyoto aus organisieren.**

## ***Nara

Nara, 42 km südlich von Kyoto gelegen (330 000 Einw.), war von 710 bis 784 die Hauptstadt Japans. Hier wurden auf engstem Raum bedeutende Denkmäler der Kunst und Architektur in einer Fülle bewahrt, wie sie in dieser historischen Reinheit wohl kaum irgendwo zu finden sind. Wie Kyoto ist Nara eine Gründungsstadt nach chinesischem Vorbild, was an der schachbrettartigen Gliederung seiner Straßen noch heute zu erkennen ist.

### Kofuku-Tempel und Nationalmuseum

Vom Bahnhof kommend, trifft man auf dem Weg zum 500 ha großen **Nara-Park** *(Nara-koen)*, in dem an die tausend freilaufende Hirsche und Rehe beeindrucken, sogleich auf das Gelände des ***Kofuku-Tempels** *(Kofuku-ji)*, der in der Nara-Periode dem Fujiwara-Clan als Haupttempel diente. 669 gegründet, erlebte er seine Blütezeit im 11. Jh., als er noch 175 Gebäude umfasste. Bei den heutigen Gebäuden handelt es sich um getreue Rekonstruktionen der Bauten aus der Nara-Zeit, von denen die fünfstöckige Pagode von 1426 und die dreistöckige Pagode von 1143 besonders hervorstechen.

*Kofuku-Tempel in Nara*

Seite 73

Sehenswert ist vor allem die nördlich der fünfstöckigen Pagode liegende Haupthalle *(To-kondo)* sowie die noch weiter nördlich gelegene achteckige Halle *(Hoku-endo)* mit der Statue des Miroku-Bosatsu von Unkei. Die meisten Kunstschätze des Kofuku-ji befinden sich im Schatzhaus *(Kokuho-kan)* nördlich der Haupthalle.

Das **Nationalmuseum** *(Kokuritsu hakubutsukan)*, östlich des Kofuku-ji, beherbergt reiche Sammlungen primär narazeitlicher Sakralkunst aus den Klöstern und Tempeln der Stadt.

### **Kasuga-Schrein

Am Ostrand des Parks liegt auf Höhe des Kofuku-ji der Kasuga-Schrein *(Kasuga-jingu)*, das Shinto-Heiligtum des Fujiwara-Clans. Der Schrein fasziniert mit seinen Tausenden von Stein- und Bronzelaternen, durch seinen geschwungenen Architekturstil und die einzigartige Atmosphäre. Die Anlage setzt sich aus vielen leuchtendrot be-

Seite 73

*Im Kasuga-Schrein in Nara*

malten Einzelschreinen zusammen. Im Hof steht eine riesige Kiefer, deren Abbild bis heute der einzige Schmuck einer No-Bühne ist; Zeami, der Schöpfer des klassischen No, hat an diesem Schrein gewirkt.

### ***Todaiji-Tempel

Höhepunkt eines jeden Nara-Besuchs ist der Todaiji-Tempel *(Todai-ji)* im nördlichen Bereich des Parks. Man betritt den Tempelbezirk durch das zweistöckige südliche Tor *(Nandai-mon)* von 1199, eine eindrucksvolle und genaue Nachbildung des 962 durch einen Taifun zerstörten Originals.

Die große ****Buddhahalle** *(Daibutsuden)* beherbergt die riesige Buddhastatue, die 752 gegossen wurde. Sie ist 16,2 m hoch, bei ihrer Herstellung wurden 437 t Bronze und 130 kg Gold verwendet. Ein derart mächtiger Metallguss war für diese Zeit eine ungeheure technische wie künstlerische Leistung. Die Halle selbst ist, obwohl sie nach mehreren Bränden leicht verkleinert wieder aufgebaut wurde, noch immer das größte ausschließlich aus Holz errichtete Gebäude der Welt, ein Monumentalbau von erstaunlicher Leichtigkeit und Eleganz.

**Nara TIC,** 28 Higashimuki, Naka-machi, Tel. 24-4858.
**Vorwahl Nara: Tel. 0742.**

*Die riesige Buddhastatue im Todai-ji*

**Bahnverbindung:** Vom Bahnhof Kyoto mit JR oder mit der Kinki-Nippon Nara-Linie; Fahrzeit: 60 bzw. 45 Min.

**Nara Hotel,** 1096 Takabatakecho, Nara 630-8301, Tel. 26-3300, Fax 23-5252. Erstes Haus am Platz mit gutem Service und japanischem Garten. ○○○
**Kasuga Hotel,** 40 Noboriojicho, Ouji-cho, Nara 630-8213, Tel. 22-4031, Fax 26-6966. Hotel mit japanischen und westlichen Zimmern; nahe Kintetsu-Bahnhof. ○○○
**Hotel Fujita,** 47-1 Shimo-Sanjocho, Nara 630, Tel. 23-8111, Fax 22-0255. Kleines Hotel am Bahnhof. ○○

Auf dem Weg vom Todai-ji zum Kasuga-Schrein finden sich günstige kleinere Speiselokale, ebenso im und um den Kintetsu-Bahnhof.

### ***Byodoin-Tempel

Bei einem Besuch Naras sollte man in **Uji** Station machen, um den Byodoin-Tempel *(Byodo-in),* ein Kleinod chinesisch-japanischer Architektur, zu besuchen. Nach Abschluss der Restaurierungsarbeiten im Herbst 1999 bietet er sich in seiner ursprünglichen Schönheit dar. Der Tempel diente als Palast des Fürsten Michinaga no Fujiwara (966–1027), nach dessen Tod er in ein Kloster der Tendai-Sekte umgewandelt wurde. Der Byodo-in ist das einzige original erhaltene Beispiel für die Palastarchitektur der Heian-Zeit. Diese folgte dem symmetrisch gegliederten Aufbau chinesischer Paläste, wobei hier die einzelnen, durch Korridore miteinander verbundenen Gebäudeteile so angeordnet sind, dass sie – von oben betrachtet – das schematisierte Abbild eines fliegenden Phönix darstellen, der mit ausgebreiteten Schwingen zur Landung auf dem Teich vor dem Tempel ansetzt. Dieser Teich ist wiederum das Abbild des »westlichen Paradieses« *(jodo)* des Amida-Buddhismus.

Die Anlage besticht – vor allem über den See hinweg betrachtet – durch ihre vollkommene Harmonie und Schönheit. Die Amida-Statue im Innern der Phönixhalle zeigt Amida mit gekreuzten Beinen auf einem Lotos-Podest mit gesenktem Kopf und halb geschlossenen Augen: ein Bild absoluter Ruhe und Ausgeglichenheit.

## ***Das Kloster Horyuji

Die Gründung des Klosters Horyuji *(Horyu-ji)* durch den Prinzregenten Shotoku im Jahr 607 war in zweifacher Hinsicht von entscheidender Bedeutung: Es wurde zum Ausgangspunkt zahlreicher anderer Klostergründungen, die neben der Verbreitung des Buddhismus als Staatsreligion zu Verwaltungszentren des jungen japanischen Staates ausgebaut wurden. Die Tatsache, dass alle Gebäude reine Holzkonstruktionen sind, erklärt, weshalb sie über mehr als 1300 Jahre alle Erdbeben schadlos überstanden. Das Horyu-ji ist mit Abstand das älteste original erhaltene Kloster Asiens. Von den heutigen 33 Gebäuden stammen vier aus der Asuka- (552–645) und fünf aus der Nara-Zeit (710–782). Die Klosteranlage besteht aus zwei deutlich voneinander getrennten Teilen, dem Sai-in im Westen und dem To-in im Osten.

*Horyuji-Kloster: die Halle der Träume (Yumedono) im To-in*

Seite 73

## Sai-in

Im Sai-in sind die fünfstöckige Pagode von 607, das innere Tor *(Chu-mon)* von 610 und die noch ältere ****Haupthalle** die wohl ältesten Holzbauten der Welt; in dieser Halle war ursprünglich die wertvollste und schönste Skulptur der Asuka-Periode untergebracht, die *Shakya-muni-Trinitas* des aus China eingewanderten Bildhauers Tori (um 623), die heute im Horyu-ji-Bau des Nationalmuseums von Kyoto (s. S. 61 f.) zu sehen ist.

Die dreiteilige Bronzefigur, die in der Mitte Shakya-Buddha und zu beiden Seiten Bodhisattvas darstellt, ist durch einen vollendeten formalen Aufbau geprägt: Pyramidenförmig verjüngt sich aus einem schwungvollen Faltenwurf in gotischer Strenge der Körper des sitzenden Buddhas, dessen breiter, kunstvoll gearbeiteter Nimbus mit Flammenornamenten und kleinen sitzenden Buddhafiguren ein Kunstwerk für sich darstellt.

**Tipp** Das auf zwei Gebäude aufgeteilte **Schatzhaus** *(Daihozoden)*, im Jahr 1941 östlich des Sai-in im Blockhausstil in Beton errichtet, beherbergt eine große Fülle unermesslich kostbarer Kunstgegenstände, die leider oft nicht gerade besucherfreundlich präsentiert werden.

## To-in

Im To-in aus dem Jahre 608 ist die achteckige ****Halle der Träume** *(Yumedono)* als eines der schönsten Gebäude der japanischen Frühzeit besonders hervorzuheben. Sie war ursprünglich die Meditationshalle des Prinzen. Dort befindet sich neben anderen bedeutenden Statuen des frühen 7. Jahrhunderts die 1,80 m große Guze-Kannon, die als als eine der schönsten Statuen der Welt gilt. Die »versteckte« Figur (sie ist nur zweimal im Jahr, nämlich vom 11. 4. bis 5. 5. und vom 22. 10.–3. 11. zu sehen) wurde über nahezu eineinhalb Jahrtausende in perfektem Zustand einschließlich der originalen Vergoldung erhalten.

## Chugu-ji

Noch weiter östlich, in dem vom Horyu-ji abgetrennten kleinen Nonnenkloster Chugu-ji, steht die Figur der ****Nyoirin-Kannon,** deren Ausstrahlung sich kaum ein Besucher entziehen kann. Ihre rechte Hand berührt leicht die rechte Wange, während die linke auf dem linken Bein ruht: eine Position ruhigen Nachdenkens, dessen glücklich verlaufende Bahnen ein zartes, um die Erlösung wissendes Lächeln andeutet.

Neben dem Altar sieht man einen verglasten Holzrahmen, in dem sich der kleine Rest (110 mal 90 cm) einer wertvollen Seidenstickerei aus dem 7. Jahrhunert befindet. Dieses Werk der Witwe Shotokus stellt in feinster Ausführung Himmelsszenen *(Tenjukoku-Mandara)* dar.

**Bahnverbindung:** JR von Nara (12 km), Fahrzeit: 11 Min; von Osaka (29 km), Fahrzeit 30 Min.
**Busverbindung:** Vom Kintetsu-Bahnhof in Kyoto bis Horyuji-mae in 50 Min.

Seite 73

Auf dem Weg vom Bahnhof bzw. der Bushaltestelle zum Kloster gibt es viele Restaurants, die durchgehend geöffnet sind.

## *Ise-Halbinsel

Abseits des Kyoto-Nara-Beckens liegt auf einer Halbinsel, die sich südöstlich von Kyoto in den Pazifik schiebt, der malerische **Ise-Shima-Nationalpark.** Seine Küsten- und Inselwelt mit ihren weiten, lichten Wäldern und abwechslungsreichen Ufern ist allein schon einen Besuch wert.

### **Ise-Schrein

Außerdem birgt er das wichtigste Shinto-Heiligtum, den der Sonnengöttin Amaterasu-omikami geweihten Ise-Schrein *(Ise-jingu)*.

Er setzt sich aus zwei weit auseinander liegenden Schreinen, dem **Naiku** (innerer Schrein) und **Geku** (äußerer Schrein), zusammen. Beide befinden sich in einem großen alten Zedernhain, dessen feierliche Atmosphäre schon beim Betreten auf die Würde der Heiligtümer einstimmt. Warum der Naiku, der ursprünglich als Familienschrein des Tenno Teil des Palastes war, im 6. Jh. in diese zur frühen Kaiserzeit schwer zugängliche und abgelegene Gegend verlegt wurde, ist nicht bekannt. Der Schrein erlangte erst in späterer Zeit landesweite Bedeutung und wurde mit der Meiji-Restauration zum wichtigsten Staatsheiligtum und zentralen Kultort.

Westliche Besucher wird zunächst die recht bescheidene Größe dieser doch so bedeutungsvollen Anlage überraschen. Auf engstem Raum, von Sicht und Zutritt verwehrenden Zäunen umgeben, ragen die fast schmucklosen Holzgebäude mit ihren dicken Schilfdächern kaum über ihre Umgrenzung hinaus. Sie repräsentieren, völlig unbeeinflusst von der buddhistisch-chinesischen, die älteste, urjapanische Bauweise, die sich aus der Architektur polynesischer Pfahlbauten ableitet (s. S. 31).

*Shinto-Priester beim Ise-Schrein*

Trotz ihres archaischen Charakters wird bei genauerem Hinsehen offenbar, dass in der handwerklich und ästhetisch vollkommenen Verarbeitung der Hölzer für die höchste Shinto-Gottheit das Erlesenste und Einfachste architektonischer Kunst zusammengeführt wurden. Das glatte, fein polierte Holz wirkt für sich selbst. Die wie aus dem Boden gewachsenen Stämme, auf denen das Gebäude ruht, mit ihren waagerechten Tragebalken und den mächtigen, das Dach befestigenden Rundhölzern geben der Haupthalle *(Shoden)* eine strenge, fast modern anmutende Schönheit.

### Die Natur als Schrein

Die Weite des Tempelhains ist genuiner Bestandteil des Heiligtums; Naiku und Geku, die über 6 km auseinander liegen, sind gleichsam Seele und Herz des großräumigen, von der lebendigen Natur gebildeten Schrein-Körpers. Erst wer erkennt, dass all dies eine Einheit bildet, kann die wahre Dimension des Ise-Schreins erfassen und etwas von der Naturverbundenheit des Shinto verstehen. Aus rituellen Gründen (Reinheit des Ortes) werden beide Schreine alle 20 Jahre abgetragen und aus frischem Zedernholz aus den Kiso-Bergen nach den alten Plänen wiedererrichtet, zuletzt 1993.

Seite 73

**Tipp** Zu beiden Schreinen gehören **Kagura-Bühnen,** auf denen die für die religiösen Zeremonien wichtigen Kulttänze aufgeführt werden.

**Bahnverbindung:** JR von Kyoto bis Ise-shi, von da mit der Kintetsu-Privatbahn bis Uji-Yamada, Fahrzeit: 2 Std. 40 Min; von Osaka mit Kintetsu bis Uji-Yamada, Fahrzeit: 2 Std.; von Uji-Yamada zu Fuß oder mit dem regelmäßig verkehrenden Bus zum Schrein.

## Staatsshinto

Die ursprüngliche Religion des alten Japan, der Shinto, wurde nach der Einführung des Buddhismus als Hauptreligion zurückgedrängt und spielte nur noch als eine an lokale Heiligtümer gebundene, eher folkloristische Glaubensrichtung eine Rolle. In der Meiji-Restauration wurde dem Shinto dann gezielt eine neue Funktion zugewiesen: Mit dem Kaiser als direktem Nachkommen der Sonnengöttin im Mittelpunkt sollte das Bekenntnis zum Shinto eine an den Kaiser gebundene nationale und kulturelle Identität begründen. Ziel war, das alte Ideal der Einheit von Kult und Macht wiederherzustellen.

Bereits im Jahr 1868 wurde zu diesem Zweck ein Amt für Shinto-Angelegenheiten geschaffen und die Trennung shintoistischer und buddhistischer Bräuche und Rituale, die sich im Lauf der Zeit vermischt hatten, angeordnet. Man stülpte dem ursprünglich theorie- und theologiefreien Shinto zudem eine Lehre über und erklärte ihn als überreligiösen Kult für die Angehörigen aller Religionen als verbindlich. Aus Shinto-Priestern wurden Staatsbeamte, und die Bevölkerung musste sich bei ihrem örtlichen Schrein registrieren lassen. So entwickelte sich der Shinto mehr und mehr zu einer geistigen Waffe bei der Mobilisierung der Nation. Jeder war verpflichtet, das Wohl des Thrones und des Landes zu fördern.

Mit dem sich seit dem japanisch-chinesischen und dem japanisch-russischen Krieg ausbreitenden militaristischen und imperialistischen Denken wurde der Staatsshinto schließlich zur herrschenden Ideologie, der Ise-Schrein zur nationalen Kultstätte. Dass der Staatsshinto nach 1945 verboten und Japan konstitutionelle Monarchie wurde, war somit nur konsequent. Heute ist der Schrein von Ise ein Heiligtum neben ca. 100 000 anderen auch, wenngleich ihm neben dem Schrein von Izumo (s. S. 81) noch immer eine herausragende Bedeutung zukommt.

# Osaka

## Frühe Blüte, später Aufschwung

**Osaka-Burg → **Sumiyoshi-Schrein → **Koya-san**

**Die drittgrößte Stadt Japans (2,6 Mio. Einw.) war einst wichtigster Handelsplatz des Landes. Hier entstanden die ersten bedeutenden Kaufmannshäuser, und hier entfaltete sich auch die erste große Blüte einer selbstbewussten bürgerlichen Kultur, die im Kabuki-Theater und im Bunraku-Puppenspiel ihren glänzendsten Ausdruck fand. Osaka präsentiert sich heute mit seinen vielen eleganten Boutiquen und Kaufhäusern, Ladenarkaden und unterirdischen Einkaufsstraßen als modern-mondäne Großstadt. Das Bunraku-Theater, das Schloss des mächtigen Kriegsherrn Hideyoshi, der Sumiyoshi-Schrein und die Möglichkeit, eine Fahrt auf den berühmten Klosterberg Koya-san unternehmen zu können, sollten einen ein- bis zweitägigen Besuch wert sein.**

Verkehrsmäßig günstig im Mündungsdelta des Flusses Yodo und an der Inlandsee gelegen, entwickelte sich in Osaka lange vor Kyoto und Tokyo städtisches Leben. Der eigentliche Aufstieg zur Handelsmetropole erfolgte jedoch erst unter Hideyoshi Toyotomi, der an diesem Ort die größte Burg des Landes errichtete. Osaka war nie religiöses oder feudalistisches Zentrum; deshalb und wegen der starken Kriegszerstörungen ist die Stadt arm an Sehenswürdigkeiten.

Eindrucksvoll ist die **Burg** *(Osaka-jo)* Hideyoshis, die 1868 von den Tokugawa-treuen Truppen völlig zerstört wurde. Von den ursprünglichen Gebäuden wurde 1931 der Hauptturm *(donjon)* wieder aufgebaut, von dem aus man einen weiten Blick über die Stadt genießt; hier wurde ein historisches Museum eingerichtet, das u. a. über Leben und Kultur der Samurai informiert (geöffnet: tgl. 9–17 Uhr).

*Osaka am Abend*

Seite 73

**Tipp** Für zoologisch Interessierte empfiehlt sich ein Besuch des ***Osaka Aquariums** am Pier im Stadtteil Tempozan; es ist eines der größten, schönsten und instruktivsten Seeaquarien der Welt. Lagepläne erhält man in jedem Hotel.

Der ****Sumiyoshi-Schrein** *(Sumiyoshi-taisha)* im Süden der Stadt ist ein Musterbeispiel für die Urform aller Schreine und frühen Palastbauten: ein auf dicken Pfählen ruhender Holzbau mit weit vorspringendem Satteldach und gekreuzten Giebelbalken. Von den vier Hauptgebäuden sind drei den Schutzgöttern der Fischer, einer dem Schutzgott der Krieger geweiht (**Bahnverbindung:** Sumiyoshi Taisha der Nankai-Linie).

**i** **Osaka TIC.** 3. Stock des Shin- Osaka-Bahnhofs, 5-16-1 Nishi-Nakajima, Yodogawa-ku, Tel. 6305-3311.
**Vorwahl Osaka: Tel. 06.**

**Flugverbindung:** Kansai International Airport Osaka, Transfer s. S. 32.
**Bahnverbindung:** Von Tokyo mit dem Shinkansen, Fahrzeit: ca. 3 Std.

Seite 73

**Hotel Osaka Castle,** 1-1 Tenmabashi-Kyomachi, Chuo-ku, Osaka 540-0032, Tel. 6942-2401, Fax 6946-9043. Günstiges Hotel in der Nähe der Burg. ❍❍
▮ **Mitsui Garden Hotel,** 2-5-7 Koraibashi, Chuo-ku, Osaka 541, Tel. 223-1131, Fax 223-0257. Günstig gelegenes Hotel, Ⓤ Yodoyabashi. ❍

In den Zentren Namba und Umeda finden sich Restaurants und Bars aller Art. Unzählige (teure) Restaurants und (preiswerte) Speiselokale, Kinos, Revuetheater und Popmusikhallen liegen im ehemaligen Vergnügungsviertel Dotombori.

Bunraku-Nationaltheater *(Kokuritsu Bunraku gekijo),* Dotombori (Ⓤ Nipponbashi, Ausgang Nr. 7); Kabuki-Theater *(Shin-Kabuki-za),* Midosuji-dori (Ⓤ Namba, Ausgang Nr. 12); Vorstellungen jeweils 11 und 16 bzw. 16.30 Uhr.

## Ausflüge

Von Osaka (wie von Kyoto) lassen sich bequem die Kaiserstadt ***Nara** sowie das beeindruckende ****Horyuji-Kloster** besuchen (s. S. 73 f.).

Auf einem Hochplateau liegt, etwa 65 km von Osaka entfernt, in 860 m Höhe die Klosterstadt ****Koya-san.** Der Gründer der Shingon-Sekte, Kobo Daishi, errichtete hier 816 das Kloster ****Kongobu-ji,** dem im Lauf der Zeit hunderte weiterer Gründungen folgten. Heute sind noch rund 120 Klöster erhalten und bewohnt. Auf dem Berg befindet sich darüber hinaus eine für

*Tempel auf dem Koya-san*

den Weltbuddhismus bedeutende geistliche Hochschule. Das Grab Kobo Daishis umgibt ein riesiges Gräberfeld. Sehenswert sind die westlich des Kongobu-ji gelegenen Hallen *Mieido, die rechteckige Bildnishalle, und **Fudo-do, das älteste erhaltene Gebäude (1198).

**Bahnverbindung:** Von Osaka/Namba mit der Nankai-Privatbahn bis Gokurakubashi, von da mit der Bergbahn; Fahrzeit: 1 Std. 40 Min.

### Eine Nacht im Kloster

Etwa 60 Tempel, Shukubo genannt, bieten auf Koya-san interessante wie angenehme Übernachtungsmöglichkeiten bei guter vegetarischer Kost. Es wird vom Besucher erwartet, dass er gegen 6 Uhr an einer Morgenandacht teilnimmt. Anmeldung im Nyoin-do, dem ersten Kloster nach der Bergbahnstation, oder im Koya-san Information Office, 600 Koya-san, Koya-cho, Itogun, Tel. (0736) 56-2616.

# Okayama

## Eine Perle in der Provinz

*****Koraku-Park → **Izumo-taisha-Schrein**

Okayama, eine Großstadt mit Universität, zahlreichen wichtigen Behörden und Institutionen, ist Teil des boomenden, übervölkerten Küstenstreifens an der Inlandsee, der sich von Tokyo über Yokohama, Shizuoka, Nagoya und Osaka nach Süden zieht. Die Stadt wäre ziemlich uninteressant, läge hier nicht eine Perle japanischer Gartenkunst verborgen: der Koraku-Park, der zu den drei bedeutendsten Gartenanlagen Japans zählt. Der Hafen Okayamas ist ein idealer Ausgangspunkt für Schiffsfahrten auf der Inlandsee. Außerdem lässt sich von hier ein Ausflug an die Westküste nach Matsue und weiter zum Izumo-taisha-Schrein unternehmen. Zwei bis drei Tage sollte man einplanen.

Okayama (558 000 Einw.) ist eine alte Handelsstadt, die als Sitz der Daimyo-Familie Ikeda, einer Seitenlinie der Tokugawa, in der Edo-Periode dank der gezielten Förderung durch das Shogunat zu großer Blüte gelangte.

Die **Burg,** wegen ihres schwarzen Anstrichs »Krähenburg« *(Ujo)* genannt, befindet sich auf einer Insel des Asahi-Flusses; der vierstöckige Hauptturm wurde in den 1960er Jahren originalgetreu wieder aufgebaut und beherbergt ein Museum für Stadt- und Schlossgeschichte.

Hauptattraktion der Stadt aber ist der am Ufer des Asahi-Flusses gelegene *****Koraku-Park** *(Koraku-en),* Ende 17. Jahrhundert. Der Park ist nach dem Prinzip der geborgten Landschaft und

*Ujo, die Krähenburg*

Seite 80

ganz im Geist des großen Teemeisters und Gartenarchitekten Kobori Enshu gestaltet: Die Landschaften außerhalb des Gartens einschließlich der Burg auf dem anderen Flussufer sind in die Gestaltung miteinbezogen: Steinlaternen, kleine Teiche, eine Zickzackbrücke und ein Teepavillon schaffen die für die Teezeremonie notwendige Atmosphäre.

Beim Koraku-en wurden zum ersten Mal in Japan auch Rasenflächen

### Shirasagi-jo

Auf der Fahrt mit dem Shinkansen von Tokyo Richtung Süden sollte man kurz vor Okayama einen Zwischenstopp in Himeji einlegen. Hier steht die **Burg des weißen Reihers** *(Shirasagi-jo),* die einzige vollständig erhaltene Burg Japans. Umfangreiche Restaurierungsarbeiten in den 1960er Jahren haben an der Bausubstanz dieser in Weiß und Hellgrau gehaltenen Burg von 1620 mit 38 Gebäuden, 21 Türmen, Wehrgängen, Befestigungswällen und Gärten nichts geändert. Sehenswert ist auch der im nordöstlichen Burgareal gelegene Park Koko-en.

Seite 80

integriert, was der gesamten Anlage eine lichte Transparenz verleiht, ein Effekt, der durch die sehr großen Teiche noch verstärkt wird. Künstliche Hügel, kleine Seen, Rasen, Flussläufe, Wege, Bäume und Haine sind in wunderbarer Harmonie aufeinander bezogen. Als typisches Attribut der Edo-Zeit wurden zudem ein kleines Reisfeld und eine Teeplantage geschaffen. So sollte der Bezug zum jahreszeitlichen Rhythmus in Erinnerung gerufen werden.

**Tipp** Okayama eignet sich hervorragend für Schiffsfahrten durch die **Inlandsee** und zum Besuch der kleinsten Hauptinsel Japans, **Shikoku.** Die Hotels halten Angebote für ein- oder mehrtägige Reisen bereit.

**Okayama City TIC,** am Hauptbahnhof, 1-1 Eki-Motomachi, Tel. 222-2912.
**Vorwahl Okayama: Tel. 086.**

**Bahnverbindung:**
Von Tokyo mit dem Shinkansen, Fahrzeit: 4 Std.

**Hotel New Okayama,** 1-1-25 Ekimae-cho, Okayma 700-0023, Tel. 223-8211, Fax 223-1172. Kleines, aber feines Hotel direkt am Hauptbahnhof. ❍❍❍

**Okayama Tokyu Hotel,** 3-2-18 Daiku 3-chome, Okayama 700-8501, Tel. 233-2411, Fax 223-8763. Angenehmes Haus mit guten Restaurants. ❍❍

**Hotel Sunroute Okayama,** 1-3-12 Shimoishi, Okayama 700, Tel. 232-2345, Fax 225-6556. Einfaches, aber gutes Hotel beim Hauptbahnhof. ❍

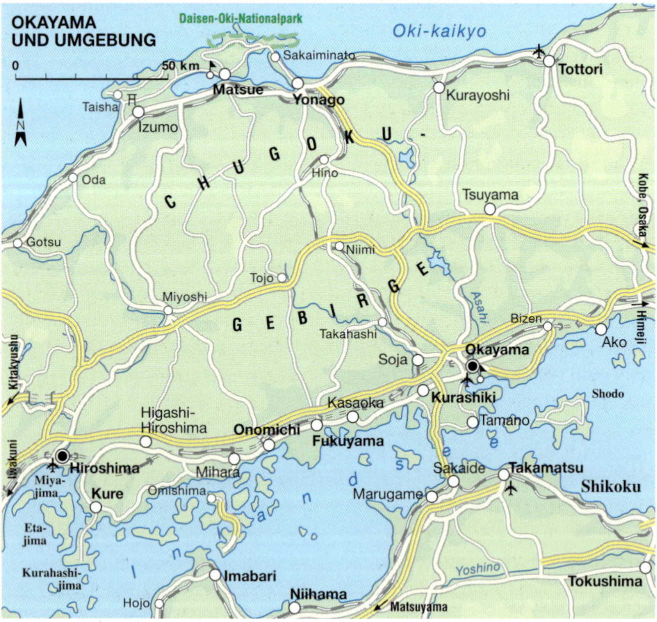

*Nebenschrein im Izumo-taisha, dem ältesten Schrein Japans*

## Ausflug zur Westküste

Die Fahrt durch eine malerische Berglandschaft gibt Gelegenheit, das ländliche Japan kennen zu lernen. Man benötigt für die 188 km knapp drei Stunden.

### Matsue

Matsue (145 000 Einw.) ist Mittelpunkt der früheren Provinz Izumo. Sie hat sich im Zentrum zum Teil ihren edozeitlichen Charakter bewahren können; das Stadtbild ist geprägt von der alten, original erhaltenen ***Burg** *(Matsue-jo)* von 1611 und einer Reihe traditioneller **Samurai-Häuser,** die man bei einem Spaziergang entlang dem Burggraben findet. Eines davon, *Buke-yashiki,* ist zur Besichtigung freigegeben und vermittelt einen guten Einblick in das Alltagsleben eines höheren Samurai. Vom obersten Stockwerk der Burg lässt sich die herrliche Lage der Stadt zwischen Bergen, Meer und Shinji-Lagune bewundern.

Der amerikanische Schriftsteller Lafcadio Hearn, der in der frühen Meiji-Zeit in Matsue lebte, beschreibt in seinem Essay **In einem japanischen Garten** (Manesse-Verlag) sehr einfühlsam die Atmosphäre der Stadt.

### **Izumo-taisha

Etwa 30 km westlich von Matsue liegt die kleine Stadt **Izumo** (85 000 Einw.) mit einem der bedeutendsten und architektonisch eindrucksvollsten Schreine, dem Izumo-taisha. Er ist der älteste Schrein Japans, wurde mehrfach durch Feuer zerstört und immer wieder streng nach dem Original restauriert – der Hauptschrein zuletzt 1874. Die ihn betreuende Priesterfamilie Senge weist auf eine längere Familien- und Priestertradition zurück als das Kaiserhaus. Der hier verehrte Gott Okuninushi-no-mikoto, den die Senge-Familie als ihren Ahn reklamiert, ist eine der ältesten Gottheiten des Shinto und gilt als Begründer der Medizin, der Seidenraupenzucht und der Fischerei.

Seite 80

Die Schreingebäude repräsentieren den ältesten, von der buddhistischen Architektur völlig unbeeinflussten japanischen Baustil, den nach diesem Schrein benannten Taisha-zukuri. Er ist charakterisiert durch massive Pfahlfundamente, die ausschließliche Benutzung von Holz, walzenartige Firstbalken und weit über den Dachfirst hinausragende Endsparren. Die dunklen Rindendächer werden alle 60 Jahre erneuert, ansonsten bleibt alles unverändert. Rechts und links vom Hauptschrein liegen zwei weitere Schreine. In ihnen versammeln sich nach shintoistischer Vorstellung im zehnten Monat jedes Jahres alle Shinto-Gottheiten des Landes. Die harmonische und ästhetisch ausgewogene Anlage beeindruckt auch Nichtgläubige nachhaltig.

**Bahnverbindung:** Von Okayama mit dem Zug nach Matsue und weiter nach Izumo, Fahrzeit: insgesamt gut 3 Std.; nach Hiroshima mit der Kisugi-Linie bis Bingo-ochiai und weiter mit der Keibi-Linie.

# Hiroshima

## Wie Phönix aus der Asche

****Shukkei-Garten → Karpfenburg → **Friedenspark → ***Miyajima**

Seite 85

Mit dem Abwurf der ersten Atombombe über Hiroshima am 6. August 1945 begann eine neue Epoche der Menschheitsgeschichte. Für Hiroshima aber schien es von da an nur noch Vergangenheit zu geben. Als sich Rauch, Staub und Hitze über der schwarzen, ausgebrannten Wüstenei verzogen hatten, bot sich ein Bild des Grauens. Für die Zukunft der Stadt zeichneten erste Expertengutachten ein düsteres Bild: 60 bis 90 Jahre würde das Gebiet unbewohnbar bleiben, mit neuer Vegetation sei frühestens nach 75 Jahren zu rechnen. Doch es kam ganz anders. Die Menschen richteten sich behelfsmäßig in den Trümmern ein, die Geflüchteten kehrten nach und nach zurück. Im Jahr 1954 wurde der offizielle Beschluss zum Wiederaufbau gefasst. Man begann mit der Schaffung einer Gedenkstätte, dem Friedensmuseum mit Friedenspark.

Heute kann man bei einem Spaziergang bequem an einem Tag die Zeugnisse der ältesten und der jüngsten Geschichte der Stadt besuchen. Die Besichtigung der von der Atombombenexplosion unberührt gebliebenen heiligen Insel Miyajima beansprucht einen zusätzlichen Tag.

## Geschichte

Hiroshima wuchs, ohne dass dem ein besonderer Plan zu Grunde lag, eher zufällig um die im Jahr 1593 von dem Feudalherrn Mori Terumoto gegründete Burg. Ihre Lage auf einer breiten Insel im Mündungsdelta mehrerer Flüsse mit direktem Zugang zur Inlandsee eignete sich strategisch hervorragend für die Anlage eines sicheren Familien- und Herrschaftssitzes.

*6. August 1945: Atombombenexplosion über Hiroshima*

### 6. August 1945

Als der Präsident des Verbandes der Überlebenden des Überfalls auf das hawaiische Pearl Harbor am 50. Jahrestag der japanischen Offensive den Bürgermeister von Hiroshima aufforderte, sich für eine Entschuldigung Japans und Wiedergutmachungszahlungen an die Angehörigen der Toten einzusetzen, entgegnete dieser erregt: Wenn sich die japanische Regierung für Pearl Harbor entschuldigen solle, müssten die USA dies auch für Hiroshima und Nagasaki tun. Der Amerikaner erwiderte: Ohne Pearl Harbor kein Hiroshima.

Dieser simple, aber trotz aller vereinfachenden Verkürzung richtige Kausalzusammenhang ist den meisten Japanern bis heute fremd geblieben. Selbst Kenzaburo Oe,

Erst spät begann man mit dem systematischen Ausbau der Stadt, die sich sehr schnell zu einem wichtigen Handelsplatz in Mitteljapan entwickelte.

Im Japanisch-Chinesischen Krieg (1894–1895) diente die Burg als Sitz des Großen Kaiserlichen Hauptquartiers, was zum rasanten Wachstum der Stadt und ihrer Wirtschaftskraft führte. Bis kurz vor Ende des Zweiten Weltkriegs war Hiroshima eine beachtliche Großstadt mit über 400 000 Einwohnern. Das schreckliche Ereignis des Atombombenabwurfs am 6. August 1945, 8.15 Uhr Ortszeit, war ein jäher Einschnitt in Hiroshimas Geschichte.

Heute ist Hiroshima wieder eine blühende, konsumfreudige und lebenslustige Universitäts-, Industrie- und Handelsstadt mit über 1 Mio. Einwohnern. Denkmäler und die alljährlichen internationalen Großveranstaltungen mit Konferenzen und Demonstrationen gemahnen jedoch an das grauenvolle Erlebnis, das das Leben vieler Menschen geprägt hat.

Gute Einkaufsmöglichkeiten und elegante moderne Geschäfte findet man in den drei wichtigsten Einkaufsdistrikten Kamiya-cho, Hondori und Hatchobori; Bars, Restaurants und Kabaretts in Nagarekawa und Shintenchi.

Seite 85

## Sehenswürdigkeiten

Die wichtigsten Sehenswürdigkeiten Hiroshimas sind bequem zu Fuß zu erreichen.

der große japanische Erzähler und Literaturnobelpreisträger (Jahrgang 1935), dem jegliche Lebenslügen und Tabus fernliegen, bekannte, dass ihm bis zu seinem dreißigsten Lebensjahr dieser Zusammenhang nicht bewusst gewesen sei und er den Überfall auf Pearl Harbor nie als nationales Verbrechen betrachtet habe. Für diese historische Blindheit gibt es neben Ursachen, die in der Mentalität der Japaner selbst liegen, einen eingängigen Grund: das Erschrecken der Welt über die unvorstellbaren Verheerungen eines Atomkriegs.

Wer die englischsprachigen, meist von US-Amerikanern stammenden Eintragungen im Gästebuch des Friedensmuseums aufmerksam durchsieht, findet dort neben vereinzelten Äußerungen von Dummheit, Brutalität und mangelnder Sensibilität fast ausschließlich Bekenntnisse von Bedauern, Scham, Schuldgefühlen und Reue. Der Atomblitz des 6. August hat aus den Teilhabern und Nutznießern einer mächtigen Kriegsmaschinerie plötzlich bemitleidenswerte Opfer gemacht, in deren Namen heute für Frieden, Gewaltlosigkeit und weltweite Abrüstung gemahnt wird. Die Japaner waren und sind in der Tat auch Opfer, Opfer einer schrecklichen Massenvernichtungswaffe, wie sie nie zuvor zur Anwendung gekommen war. Aufgrund der realen oder auch nur vermuteten bzw. befürchteten Genschäden werden die Überlebenden sowie deren Kinder und Enkel bis heute in der japanischen Gesellschaft diskriminiert.

Seite 85

*Im Friedenspark: Gedächtnisstätte für die Opfer der Atombombe*

## Shukkei-Garten und Karpfenburg

Vom Hauptbahnhof aus gelangt man zu dem 1620 unter dem Fürsten Asano Nagaakira angelegten **Shukkei-Garten** *(Shukkei-en)* ❶, ein erst in den letzten Jahren wieder erstandenes Juwel aus der Blütezeit des Feudalismus. Der Park ist nach dem Vorbild eines klassischen chinesischen Landschaftsgartens der Sung-Dynastie (420–479) geschaffen und bildet einen Landstrich in Hangzhou (China) nach.

Das Areal ist geprägt von weiten Wasserflächen, aus denen zahlreiche malerische Inseln herausragen. Durch die geschickte Einbeziehung der Umgebung wirkt der Garten erheblich größer, als er in Wirklichkeit ist. Die beiden ebenfalls nach klassischem Vorbild errichteten Teehäuser werden nur auf Voranmeldung geöffnet.

Vom Shukkei-en führt ein kurzer Weg zur **Karpfenburg** *(Ri-jo)* ❷. Sie wurde 1958 originalgetreu in Stahlbeton nachgebaut und beherbergt heute ein Museum, das die ältere Stadtgeschichte sehr anschaulich dokumentiert, ohne aber auf die große militärgeschichtliche Rolle Hiroshimas näher einzugehen. Vom obersten Stockwerk aus hat man einen schönen Panoramablick bis zur Hiroshima-Bucht und hinüber zur heiligen Insel Miyajima.

## **Friedenspark ❸

Nicht weit ist es zum Friedenspark *(Heiwa-koen)* mit den von Kenzo Tange geschaffenen Gedächtnisstätten. Die Anlage verleiht in ihrer Strenge und Schlichtheit der tiefen Betroffenheit, die dieser Ort in jedem Besucher auslöst, und der hieraus resultierenden Sprachlosigkeit angemessenen Ausdruck. Ein abstrakter Betonbogen, der zwei sich zum Schutz oder zum Gebet berührende Hände symbolisiert, spannt sich über das **Scheingrab** für die nicht mehr auffindbaren oder nicht mehr identifizierbaren Opfer.

In dem einer buddhistischen Glocke nachgebildeten Turm, dem **Friedensturm,** der als Mahnmal für die getöteten Kinder errichtet wurde, hängen stets lange, bunte Ketten aus immer wieder neu von Schulklassen aus Papier gefalteten Kranichen. Die selbstgebastelten Vögel erinnern – einer nicht authentischen Geschichte zufolge – an den vergeblichen Wunsch eines verstrahlten kleinen Mädchens nach Heilung. Nachdem lange Zeit die militärische Bedeutung Hiroshimas in der Dokumentation ausgespart geblieben war, wird diese neuerdings anschaulich gezeigt, so dass man ein wenig nachvollziehen kann, weshalb gerade diese Stadt zum ersten Abwurf einer Atombombe ausgewählt wurde.

Das in klassischer, dem Bauhausstil verpflichteter Strenge errichtete **Friedensmuseum** enthält viele tausend Dokumente über die 200 000 Opfer, unsägliches persönliches Leid und beispiellose Zerstörungen. Hinweise auf die Hintergründe für den Bombenabwurf gibt es keine.

Nördlich des Friedensparks erhebt sich auf der Flussinsel die Ruine der ehemaligen Industrie- und Handelsmesse, von deren stählernem Kuppelskelett sich die Bezeichnung **Atombomben-Dom** *(Genbaku Domu)* ❹ ableitet. 400 m über diesem Ort explodierte am 6. August 1945 die Atombombe.

## Infos

**Hiroshima TIC,** Peace Memorial Park, 1 Nakajima-cho, Naka-ku, Tel. 247-6738.

**Vorwahl Hiroshima: Tel. 082.**

**Flugverbindung:** Hiroshima Airport, ca. 50 Min. mit dem Airport-Bus zum Bahnhof; Flugzeit von Tokyo (Haneda) 75 Min.; Fluglinien: JAL, ANA; 10 Flüge täglich.

**Bahnverbindung:** Von Tokyo mit dem Shinkansen, Fahrzeit: knapp 5 Std.

Seite 85

**Hotel Hiroshima Granvia,** 1-5 Matsubara-cho, Minami-ku, Hiroshima 732-0822, Tel. 262-1111, Fax 262-4050, www.hgh.co.jp. Sehr großzügig angelegtes Hotel am Bahnhof mit mehreren vorzüglichen Restaurants (westlich, japanisch und chinesisch). ○○○

**Hiroshima Grand Hotel,** 4-4 Kami-Hachobori, Naka-ku, Hiroshima 730, Tel. 227-1313, Fax 227-6462. Gutes Hotel nahe dem Bahnhof, das stark von Gruppen und Geschäftsleuten frequentiert wird und manchmal laut ist; westliche, japanische und chinesische Küche, Sushi-Bar. ○○

❶ Shukkei-Garten
❷ Karpfenburg
❸ Friedenspark
❹ Atombomben-Dom

■ **Hotel New Hiroden,** 14-9 Osugacho, Minami-ku, Hiroshima 732-0821, Tel. 263-3456, Fax 263-3784, www.hiroden.co.jp. Preiswertes Business Hotel in Bahnhofsnähe. ❍

Seite 85

In dem östlich des Friedensparks gelegenen Viertel **Nagarekawa** wimmelt es von Lokalen aller Art, Restaurants, Nudelgaststätten, Sushi-Bars und Teppanyaki-Grills. Vorsicht: In den gemütlichen kleinen Bars ohne Speiseschaukasten gibt es nichts zu essen, dafür aber teure Getränke in freundlicher, jedoch unnahbarer Damengesellschaft.

*Berühmtes rotes Holz-Torii – symbolisch-mythischer Zugang zum Itsukushima-Schrein*

## Ausflug nach ***Miyajima

Knapp eine halbe Stunde mit der Bahn vom Zentrum entfernt befindet sich die Anlegestelle für die Fähren zur heiligen Insel.

### ***Itsukushima-Schrein

Das rund 30 km² große Eiland Miyajima (Schreininsel) beherbergt buddhistische und shintoistische Heiligtümer, von denen der Itsukushima-Schrein *(Itsukushima-jingu)* das bedeutendste ist. Das Ensemble von heiliger Insel, Hiroshima-Bucht, Inlandsee und dem Bergland von Honshu ist von einzigartigem Reiz. Die Insel durfte bis Anfang des 20. Jhs. von Frauen nicht betreten werden. Noch heute ist es nicht gestattet, dort Tote zu beerdigen, die ebenso wie Frauen den Ort verunreinigen.

In Ufernähe erhebt sich das weltbekannte rote ****Holz-Torii,** das den symbolisch-mythischen Zugang zum Hauptheiligtum bildet, aus dem Wasser. Schönheit und Eleganz des mächtigen *Torii* und der Korridore und Plattformen des Itsukushima-Schreins selbst hängen stark von den Gezeiten der hier wattähnlichen Inlandsee ab: Da sie im flachen Wasser gründen, erschließt sich das ganze Flair der weitläufigen Anlage nur bei Flut; bei Ebbe stehen Torii und Schrein im Schlamm des Watts, was ihrer Anmut und schwebenden Leichtigkeit erheblichen Abbruch tut. Konsultieren Sie daher vor Anbruch dieses Halbtagsausflugs die Gezeitentabelle der englischsprachigen Zeitungen, die in jedem Hotel ausliegen.

Der Itsukushima-Schrein, der wohl zu den außergewöhnlichsten Shinto-Heiligtümern gehört, wurde 811 gegründet; die heutigen Gebäude stammen überwiegend aus dem 16. Jh. und sind ganz im prunkvollen Stil ihrer Zeit errichtet. Musik- und Tanzkultur sowie das klassische No-Spiel blicken hier auf eine lange Tradition zurück. Mit etwas Glück kann man bei Einbruch der Dunkelheit Zeuge eindrucksvoller Gagaku- oder Bugaku-Aufführungen (s. S. 30) werden. Ob ein solches Ereignis stattfindet, lässt sich leicht an den eigens für diese Darbietungen errichteten zeltartigen, mit breit gestreiften Tüchern verhängten Aufbauten neben der Tanzbühne voraussagen. Das Warten bis zum Abend lohnt sich! Da es sich hierbei nicht um kommerzielle, sondern um rein religiöse Aufführungen handelt, ist Zurückhaltung beim Fotografieren und Filmen angebracht.

### *Museum für Geschichte und Volkskunst

Ein paar hundert Meter weiter in südlicher Richtung liegt an der Hauptstraße das Museum für Geschichte und Volkskunst *(Egami-kaikan)*, auch *Egami-House* genannt. Weniger die ausgestellten Gegenstände als vielmehr das Anwesen selbst lohnen den Besuch, da die Gebäude und der kleine Innengarten einen aufschlussreichen Einblick in die weltlich-bürgerliche Wohnkultur der Edo-Zeit vermitteln. Das Museum besteht im Wesentlichen aus dem Wohnhaus und dem Warenspeicher der Kaufmannsfamilie Egami, die hier über 170 Jahre residierte und Handel trieb. Da die von den Händlern zu zahlenden Steuern von der Breite der Straßenfront ihres Ladens abhingen, wurden die Wohn- und Geschäftshäuser so angelegt, dass hinter einer schmalen Front die einzelnen Räume entlang eines überdachten Korridors hintereinander angeordnet lagen. Dies ist sehr schön im linken hinteren Teil der Anlage neben der Ausstellungshalle »D« zu erkennen. Garten, Teich, Umzäunungsmauern, Wohnquartiere und Vorratsspeicher geben zusammen mit der mit schwarzen Holzgittern versehenen Frontseite einen in sich geschlossenen Eindruck von der großbürgerlichen Wohnform der Tokugawa-Ära.

### Wanderung

Wer genügend Zeit mitgebracht hat, sollte sich zu einer kleinen Wanderung auf halber Höhe entlang der Berge entschließen. Neben den wechselnden Ausblicken über Insel und Inlandsee sind hierbei noch interessante kleinere Tempel und Schreine zu entdecken. Unterhalb des Gipfels des **Berges Misen** (530 m) befindet sich der von Kobo Daishi im 9. Jh. gegründete, malerisch in die Berghänge eingefügte ***Gunmo-Tempel** *(Gunmo-ji-do)*. Hier durchschreiten in einer Feuerzeremonie am 15. April und 15. November asketische Mönche barfuß die glühende Asche einer rituellen Feuerstelle.

Seite 85

**Tipp** Eine Seilbahn bringt die Besucher in wenigen Minuten auf den Gipfel des Misen; von dort hat man einen überwältigenden Blick über Miyajima und die Inlandsee.

**Tipp** Ab 17 Uhr schließen die vorher so geschäftigen Andenkenläden und Restaurants sehr rasch, und die Fähren verkehren ab 18 Uhr nur noch in großen Abständen. Es wird dann höchste Zeit, die Rückfahrt anzutreten, es sei denn, eine abendliche Aufführung im Schrein steht auf dem Programm. In diesem Fall sollte man sich bereits am Nachmittag mit einem Abendimbiss versorgen.

**Bahnverbindung:** Von Hiroshima Station mit der JR zur Miyajima Station, Fahrzeit: 30 Min.; weiter per Fähre (ca. 10 Min.).

**Ryokan Iwaso,**
739-05 Saeki-gun, Miyajima-cho, Momoji-dani,
Tel. (0829) 44-2233, Fax 44-2230.
Es liegt in dem vor allem im April und Oktober/November bezaubernden Ahorntal *(Momoji-dani)* gleich hinter dem Itsukushima-Schrein. Gepflegte Gastlichkeit; Vorbestellung absolut erforderlich. ○○

# Kyushu

## Im Land der Mythen und Vulkane

Seite 91

**Fukuoka → *Nagasaki → *Kumamoto → Beppu (459 km)**

**Kyushu, die südlichste und zugleich westlichste Hauptinsel des japanischen Archipels, ist das ursprüngliche Siedlungsgebiet der Japaner. Hier finden sich einige der ältesten Kulturdenkmäler Japans wie der Sumiyoshi-Schrein in Fukuoka oder der Kanzeon-Tempel in Dazaifu, der die bedeutendsten buddhistischen Statuen birgt. Grandiose Gebirge mit aktiven Vulkanen, bizarre Küstenstreifen voller Buchten und kleiner Inseln und weite Hochflächen, durchbrochen von tiefen, mystisch-dunklen Schluchten und malerischen Tälern prägen die Landschaft. Auf einer viertägigen Rundreise, die zu den historisch und landschaftlich interessantesten und abwechslungsreichsten Routen jeder Japan-Reise zählt, lassen sich nachhaltige Eindrücke von Natur und Kultur dieser Insel gewinnen.**

## Fukuoka

Die Rundreise durch das nördliche Kyushu beginnt in Fukuoka (1,3 Mio. Einw.) und damit bereits mit einer Verwirrung, denn der Stadtteil, in dem der Bahnhof liegt, heißt **Hakata** und nach ihm ist auch die Bahnstation benannt. Daher wird man den Namen Fukuoka in den Fahrplänen vergeblich suchen. Fukuoka ist heute eine der bedeutendsten Industrie- und Handelsstädte Japans, aber auch Sitz diverser Verwaltungseinrichtungen sowie zahlreicher renommierter Hochschulen. Die Stadt ist zudem ein wichtiges Zentrum japanischer Kultur und Geschichte. Sie liegt in einem der ältesten Siedlungsgebiete, von dem aus sich früh fruchtbare Beziehungen zu Korea und China entwickelt haben. So kann man etwa im **historischen Museum** *(Rekishi-shirokan)* reiche Funde aus der Jomon-, der Yayoi- und Kofun-Zeit (5000 v.–700 n. Chr.) begutachten.

*Aso-Kuju-Nationalpark: Die Insel Kyushu ist geprägt von Vulkanen*

Wenige hundert Meter nördlich des Hauptbahnhofs liegt an der Daihakudori der älteste Zen-Tempel Japans, der ***Shofuku-ji** der Rinzai-Sekte (s. S. 25). 1195 von Eisai nach dessen Rückkehr aus China gegründet, wurde er zum Geburtsort des japanischen Zen. Die Gebäude sind repräsentativ für die frühe Zen-Architektur; die aus der Gründungszeit stammende koreanische Bronzeglocke verweist auf die enge Verbindung Kyushus zum Festland.

Westlich des Bahnhofs steht einer der ältesten Schreine Japans, der den Kami der Seeleute geweihte ****Sumiyoshi-Schrein** *(Sumiyoshi-jingu)*. Die Gebäude sind zwar Rekonstruktionen von 1623, wurden aber originalgetreu errichtet, so dass die altertümliche Pfahlkonstruktion *(Sumiyoshi-zukuri)* unverfälscht erhalten blieb. Der Schrein steht in einem Hain uralter, mächtiger Kampferbäume und Zedern, die für das subtropische Klima Kyushus charakteristisch sind.

**Fukuoka TIC,** 1-1 Hakataeki-chuogai, Tel. 431-3003.
**Vorwahl Fukuoka: Tel. 092.**

**Flugverbindung:** Fukuoka Airport, Transfer per U-Bahn zum Hakata-Bahnhof (5 Min.).
**Bahnverbindung:** Von Tokyo mit dem Shinkansen, Fahrzeit ca. 6 Std.

**Hotel Nikko,** 2-18-25 Hakataekimae, Fukuoka 812-0011, Tel. 482-1111, Fax 482-1127, www.hotelnikko-fukuoka.com. Beste Adresse, günstig am Hakata-Bahnhof gelegen. ❍❍❍
**Hakata Miyako Hotel,** 2-1-1 Hakataeki Higashi, Fukuoka 812-0013, Tel. 441-3111, Fax 481-1306, www.hakatamiyako.co.jp. Einfache Zimmer, gute Küche; am Hakata-Bahnhof. ❍❍
**Hotel Station Plaza,** 2-1-1 Hakataekimae, Fukuoka 812-0011, Tel. 431-1211, Fax 431-8015. Einfaches aber gutes Haus beim Bahnhof. ❍

Im und um den Hakata-Bahnhof gibt es viele günstige Restaurants; größer ist die Auswahl im Stadtteil Tenjin, insbesondere rechts und links der prächtigen Einkaufsstraße Watanabe-dori, beim Nishitetsu-Zentrum sowie im 500 m östlich gelegenen Vergnügungsviertel Nakasu.

## **Dazaifu

Bevor man Richtung Nagasaki weiterfährt, bietet sich vom Bahnhof Tenjin ein kurzer Ausflug mit der Nishitetsu-Bahn (40 Min.) in die Kleinstadt Dazaifu an. Die wichtigste Aufgabe dieses alten Sitzes des kaiserlichen Generalgouverneurs von Kyushu (7.–14. Jh.) bestand in der Überwachung aller Verbindungen zum Festland. In einer Betonhalle, die an Stelle des zerstörten **Kanzeon-Tempels** *(Kanzeon-ji)* errichtet wurde, sind die verbliebenen Schätze des Tempels aufbewahrt, darunter einige der bedeutendsten Statuen der Heian-Zeit, allen voran die 1,24 m hohe Jizo-Statue und die Statue des Kisshoten mit 2,16 m, beide original aus dem 11. Jh.

*Temman-Schrein in Dazaifu*

Hauptsehenswürdigkeit Dazaifus ist jedoch der **Temman-Schrein** *(Temman-gu)* von 905. Hier wird unter dem Kami-Namen Tenshin der große Gelehrte und Dichter Sugawara Michizane (845–903) verehrt, der aufgrund einer Intrige vom kaiserlichen Hof hierher verbannt worden war. Der Schrein ist eine beliebte Pilgerstätte für Schüler und Studenten vor dem Examen. Man betritt das Gelände durch ein großes Bronze-Torii, hinter dem

Seite 91

*Im Sofuku-ji, einem chinesischen Zen-Tempel in Nagasaki*

eine Bogenbrücke im chinesischen Stil zum inneren Schreinbezirk führt. Die gesamte Anlage wirkt mit ihrem Weiß-Rot-Anstrich und den weit geschwungenen Reetdächern sehr freundlich.

Eine der schönsten Routen Japans führt entlang der Küste und durch abwechslungsreiches Bergland vorbei an den alten Keramikstädten **Karatsu** und **Imari** nach Nagasaki. Sowohl Straße als auch Bahnlinie führen an einem Küstenstreifen entlang, an dem im 13. Jh. zwei Invasionsversuche der Mongolen erfolgreich mithilfe zweier Taifune (daher der Name Kamikaze = Götterwind) abgewehrt wurden. Reste des damals errichteten Verteidigungswalles sind noch zu sehen.

## *Nagasaki

(450 000 Einw.; 164 km). Die alte Hafenstadt nimmt eine malerische, von hohen Bergen umrahmte Bucht ein, die 5 km ins Land hineinragt. Vor dem Ausgang ins offene Meer liegen schützend einige Inseln, so dass das breite und tiefe Hafenbecken vor Stürmen und Überraschungsangriffen weitgehend sicher ist – ideale Voraussetzungen für den im letzten Drittel des 16. Jhs. aufkommenden Seehandel mit Holland und Portugal. Als sich Japan 1637 von äußeren Einflüssen zum großen Teil abzuriegeln versuchte, legte man im Hafenbecken die künstliche Insel Dejima an, über die der verbleibende Handel mit Holland aufrechterhalten wurde. Als Marinestützpunkt und Ersatzziel für das unter einer Wolkendecke verborgene Fukuoka wurde Nagasaki am 9. August 1945 Opfer des zweiten Atombombenangriffs. Die Zerstörungen waren ge-

waltig, an die 25 000 Menschen fanden den Tod. Da Nagasaki über mehrere Hügel und Täler verteilt liegt, konnte sich die Druck- und Hitzewelle zum Glück nicht so verheerend auswirken wie in dem flachen Gelände von Hiroshima (s. S. 82 ff.).

Die Lage der Stadt an der Nagasaki-Bucht mit ihrem Berg- und Meerespanorama ist einmalig. Besonders reizvoll ist ein Spaziergang vom Bahnhof aus bergan durch die malerischen Wohnviertel, die sich hier zum Teil noch ihren alten edozeitlichen Charakter bewahrt haben.

Dort liegen auch die beiden rein chinesischen Zen-Tempel (1629) der seit Jahrhunderten hier ansässigen chinesischen Gemeinde: der rote **Kofuku-ji** mit seiner bemerkenswerten Haupthalle sowie der im Ming-Stil erbaute ***Sofuku-ji,** dessen elegantes, etwas verspieltes zweites Tor sowie die Haupthalle Beachtung verdienen.

Im nördlichen Stadtteil Urakami befindet sich der **Friedenspark** *(Heiwa-koen)* mit dem interessanten Atombombenmuseum und dem eigenwilligen Friedensdenkmal, der 10 m hohen Statue »Der Friedensmahner«.

Seite 90

i **Nagasaki TIC** (im Bahnhof), 1-88 Onoue-cho, Tel. 823-3631.
**Vorwahl Nagasaki: Tel. 0958.**

**Bahnverbindung:** Von Fukuoka-Hakata, Fahrzeit: 2 Std. 20 Min.
**Busverbindung:** Nach Kumamoto über Unzen in 4 Std. inklusive Fähre.

**Hotel New Nagasaki,** 14-5 Daikoku-machi, Nagasaki 850-0057, Tel. 826-8000, Fax 823-2000. Gutes Hotel am Bahnhof mit ausgezeichnetem Restaurant. ○○○

**Inasayama Kanko Hotel,** 577 Akebonomachi, Nagasaki 852, Tel. 61-4151, Fax 61-4203. Am Hafen. ○○

Seite 90

Um Bahnhof und Hafen finden sich von der chinesischen Küche beeinflusste Lokale.

Von Nagasaki geht es mit dem Linienbus Nagasaki–Beppu weiter über die Vulkan-Halbinsel Unzen und die Ariake-See nach Kumamoto: eine interessante Fahrt durch die herrliche See-, Berg- und Insellandschaft des **Unzen-Amakusa-Nationalparks.** Der noch aktive Vulkan Unzen (1359 m) hatte 1991 seinen letzten katastrophalen Ausbruch. Bei **Shimabara,** dessen Schloss grausamer Schauplatz der Christenverfolgungen war (über 20 000 Gläubige wurden 1637 hier ermordet), setzt die Fähre nach **Misumi** über. Vom Schiff aus lässt sich die bizarre Schönheit der Inselwelt besonders genießen.

Tipp Bei einem Stopp in Gipfelnähe kann man über Holzstege durch ein brodelndes, qualmendes Lavafeld gehen, wo im heißen Gestein gekochte, leicht nach Schwefel schmeckende Eier angeboten werden.

## *Kumamoto

Die Provinzhauptstadt (635 000 Einw.; 284 km) ist neben Fukuoka das wichtigste kulturelle, wirtschaftliche und politische Zentrum von Kyushu. Eine besondere Attraktion ist das ****Schloss Kumamoto** *(Kumamoto-jo)*

*Schloss Kumamoto*

aus dem Jahr 1607. Durch seine Lage auf einem Hügel ist es schon von weitem sichtbar und mit seinen mächtigen Mauern eine der eindrucksvollsten Festungen Japans.

Der majestätische Hauptwohnturm des Schlosses mit seinen schwarzen Holzverkleidungen und weißen Giebeln, die aus dem dichten, dunklen Grün riesiger Kampferbäume hervorragen, ist von unvergesslicher Schönheit. Man sieht der Anlage, die einst 49 Wach- und Verteidigungstürme sowie 47 Tore zählte, trotz der Reduzierung auf wenige Gebäude ihre einstige strategische Bedeutung noch heute an (ein anschauliches Modell befindet sich im Turm). Die in rechten Winkeln und Kehren angelegten Zugangswege, die von hohen Mauern und Wällen gesäumt sind, ließen eindringenden Feinden keine Chance. Im Schlossturm befindet sich ein sehr interessantes Museum mit Zeugnissen aus der Tokugawa- und Meiji-Zeit, darunter erste handgeschriebene japanisch-niederländische Wörterbücher. Ein Modell des Daimyo-Schiffes, mit dem der Fürst jährlich zur Pflichtaudienz nach Edo reiste, zeigt anschaulich die feudale Pracht und die hoch entwickelte Handwerkskunst der Edo-Periode.

Südöstlich vom Schloss, am anderen Ende der Stadt (vom Zentrum 25 Min. mit der Straßenbahn), liegt einer der schönsten Landschaftsgärten Japans, der von der Daimyo-Familie Hosokawa 1632 angelegte **Suizenji-koen.** Die Parklandschaft mit See, künstlichen Inseln und Hügeln bildet in starker Stilisierung markante Sektionen der berühmten Tokaido-Straße zwischen Edo und Kyoto nach. Den besten Blick über die malerische Anlage hat man vom Teehaus *(Kokin-*

Seite 91

## Enkel der Sonnengöttin

Die immergrünen Gebirgslandschaften im Innern der Insel Kyushu sind auf weiten Strecken von Urwald bedeckt, wild und menschenleer. Einsame Schluchten, verwunschene Höhlen, bizarre Felsformationen und vulkanische Ausdünstungen versetzen selbst den nüchternsten Zeitgenossen in eine andere mystische Welt. Kein Wunder also, dass hier zahlreiche Mythen erzählt werden. Einer dieser Mythen ist eng mit dem Ursprung des Kaiserhauses verflochten und galt bis zum Ende des Pazifischen Krieges als historische Wahrheit.

Danach schuf das Urgötterpaar Izanagi und Izanami die japanischen Inseln, Berge, Flüsse, Götter und alles, was ist. Izanami starb bei der Geburt des Feuergottes an den ihr dabei zugefügten Verbrennungen. Als Izanagi seine Frau aus dem Totenreich zurückholen wollte, floh er entsetzt vor dem von Maden zerfressenen Leichnam. Als er sich von der als unrein geltenden Toten reinigte, entstanden beim Waschen der Augen die Sonnengöttin Amaterasu und der Mondgott Tsukiyomi, beim Reinigen der Nase der Sturmgott Susanoo. Da machte Izanagi die Sonnengöttin zur Herrscherin über den Himmel, den Mondgott zum Herrscher über die Nacht und den Sturmgott zum Herrscher über das Meer.

All diese Ereignisse spielten sich einerseits in einer abstrakten Himmelswelt ab, andererseits existieren auch Orte auf Kyushu, mit denen man diese Vorgänge verbindet. So kann man in einer Schlucht bei Iwato die Höhle sehen, in der sich die Sonnengöttin aus Verärgerung über ihren Bruder zurückgezogen hatte; Susanoo wurde dann wegen seines wilden, zerstörerischen Wesens nach Izumo verbannt. Nachdem das Land so befriedet war, sandte Amaterasu ihren Enkel Ninigi mit den Insignien der Macht – Schwert, Krummjuwel und Spiegel – zur Erde, damit er und seine Nachkommen für alle Ewigkeit regierten. Ninigi landete auf dem Berg Takachiho mitten in Kyushu. Sein Urenkel, Jimmu, eroberte von hier aus schließlich die Yamato-Ebene um das heutige Kyoto und begründete im Jahr 660 v. Chr. das Yamato-Reich, von dem aus ganz Japan unterworfen wurde.

Seite 91

*Suizenji-koen, einer der schönsten Landschaftsgärten Japans*

*denju)* aus. Auf der Freilichtbühne finden im Sommer abendliche No-Aufführungen statt.

In der überdachten Einkaufsstraße **Kamitori** und deren kleinen Nebengassen befindet sich eine Vielzahl guter Einkaufsmöglichkeiten und preiswerter Restaurants.

**Kumamoto City TIC,** 3-15-1 Kasuga, Kumamoto 860, Tel. 352-3743. **Vorwahl Kumamoto: Tel. 096.**

**Hotel Castle,** 4-2 Joto-machi, Kumamoto 860-8565, Tel. 326-3311, Fax 326-3324, www.hotel-castle.co.jp. Traditionsreiches Haus mit ausgezeichnetem Service in Schlossnähe. ❍❍
▮ **Hotel Okus,** 6-8 Kamitori-cho, Kumamoto 860-8565, Tel. 322-1711. Günstig gelegenes Business Hotel mit kleinen Zimmern. ❍

In den beiden überdachten Einkaufspassagen Kamitori und Shimotori im Herzen der Stadt finden sich zahlreiche Restaurants; in der **Kamitori** die größeren und teureren, in der **Shimotori** und in deren engen Nebenstraßen die interessanteren, meist billigeren.

**Tipp** Am schnellsten erreicht man sowohl den **Aso-Nationalpark** als auch **Beppu,** die beiden spektakulären Orte offen zu Tage tretenden Vulkanismus, mit dem Trans-Kyushu-Sightseeing-Bus von Kumamoto aus (Informationen in den Hotels). Dabei durchfährt man eine der schönsten und abwechslungsreichsten Gebirgslandschaften Kyushus.

## **Aso-Nationalpark

Der eigentliche, in vorgeschichtlicher Zeit bereits erloschene und nun von fruchtbarem Ackerland ausgefüllte Krater des Aso hat einen Umfang von 120 km und einen Durchmesser von 24 km. Er ist damit der größte Vulkankrater der Erde. In ihm haben sich fünf Sekundärvulkane gebildet, von denen der **Nakadake** noch aktiv ist. Das ganze Aso-Gebiet ist touristisch hervorragend erschlossen, der Weg zum Kraterrand des Nakadake in regelmäßigen Abständen sogar mit Betonunterständen für plötzliche Ausbrüche gesichert. Dank der zahlreichen heißen Quellen gibt es im Aso-Gebiet viele *Onsen* (Thermalbäder) und sehr schöne Ryokan, namentlich **Yunotami, Uchinomaki, Aso-Onsen, Akamizu** und das am Kraterdurchbruch in einer wildromantischen Schlucht mit Wasserfällen und Stromschnellen gelegene **Tateno.**

## Nach Beppu

Auf dem Weg nach Beppu kann man noch einen Abstecher in das **Kuju-Gebirge** mit den höchsten Bergen der Insel machen. Die Kuju-Berge sind zer-

*Heiße Quellen bei Beppu*

klüfteter und wilder als die zum Teil in regelmäßiger Kegelform gebildeten Vulkanberge des Aso.

Endstation der Sightseeing-Tour ist der beliebte Badeort **Beppu** (140 000 Einw.; 459 km), mit seinen heißen Quellen und Thermalbädern traditionell ein Ziel von Hochzeitsreisen und Betriebsausflügen. Es gibt wohl kaum einen Ort auf Erden, an dem so viele heiße Quellen sprudeln, Tümpel kochen, Schlammlöcher brodeln, Geysire aufbrausen und Erd- und Felsspalten heiße Dämpfe und Schwefelwolken ausstoßen wie hier. Da die Stadt um ihre Naturattraktionen und Thermalquellen herum wuchs und nicht nach einem Bebauungsplan errichtet wurde, ist alles ziemlich unübersichtlich und bunt durcheinander.

Seite 91

**Beppu City TIC** (am Bahnhof), 12-13 Ekimae-cho, Tel. 24-2838.
**Vorwahl Beppu: Tel. 0977.**

**Schiffsverbindung:** Beppu–Hiroshima: Hirobetsu-Kisen-Line, tgl. 14 Uhr, Ankunft 19 Uhr. Die Schiffsverbindung nach Osaka ist nicht zu empfehlen (Nachtfahrt).

**Hotel Shiragiku,** 16-36 Kamitanoyu, Beppu 874, Tel. 21-2111, Fax 21-5633. Großes Ryokan mit einigen westlichen Zimmern, in Bahnhofsnähe; Thermalquelle. ○○

**Hotel Tsuruta,** 1-14-15 Kitahama, Beppu 874, Tel. 22-1110, Fax 21-1019. Ryokan mit individueller Betreuung, in Bahnhofsnähe; Thermalquelle. ○○

Als krönenden Abschluss einer Reise in den Süden Japans kann man zur Rückfahrt das Schiff nach Hiroshima nehmen. Vom Wasser aus erschließt sich die ganze Schönheit der **Inlandsee** mit ihren kleinen und großen Inseln, Buchten und Bergen am besten.

# Hokkaido

## Junge Insel im Aufbruch

***Sapporo → *Shikotsu-Toya-Nationalpark**

**Wenn man ein wenig übersättigt ist vom Anblick der vielen Tempel der alten Landesteile, bietet Hokkaido eine gute Alternative. Eine Fahrt durch malerische, oft wilde und fast unberührte Landschaften oder ein erholsamer Aufenthalt in einem der zahlreichen Thermalbäder ist v. a. in den heißen Sommermonaten sehr angenehm. Dank seiner geologischen Beschaffenheit ist Hokkaido reich an heißen Quellen und somit ein Paradies für den Onsen-Liebhaber. Die schönsten Landschaften wie der Shikotsu-Toya-Nationalpark und der Badeort Noboribetsu sind in Tagesausflügen von Sapporo aus zu erreichen; dennoch sollte man sich drei bis vier Tage Zeit nehmen.**

Hokkaido liegt in den Wintermonaten im Einzugsbereich arktischer Kaltluftströme, die im Zusammenprall mit den über der Insel und dem nordwestlichen Honshu liegenden feuchten Luftmassen zu sehr ergiebigen Schneefällen führen. Schneehöhen von drei Metern und mehr sind keine Seltenheit. Die Sommermonate sind wesentlich kühler als im übrigen Japan, so dass immer mehr Japaner hier den Sommerurlaub verbringen.

### *Sapporo

(1,8 Mio. Einw.). Die Hauptstadt Hokkaidos wurde erst 1871 nach amerikanischen Vorbildern mit rechtwinklig zueinander verlaufenden breiten Alleen angelegt. Touristisch bietet Sapporo relativ wenig, es fehlt an historisch Gewachsenem. Bemerkenswert ist aber die 1,5 km lange, 105 m breite **Odori-Avenue,** die Sapporo in Ost-West-Richtung durchschneidet – eine Prachtstraße, auf der zu bummeln ein Vergnügen ist. Auf ihr findet jedes Jahr das berühmte Schneefest statt (s. S. 32). Das Einkaufszentrum, das sich unter der Straße mit Hunderten von Geschäften hinzieht, ist einmalig.

Unbedingt einen Besuch wert ist der ***Botanische Garten** *(Shokobutsuen)* mit einer reichen Sammlung alpiner, arktischer und subarktischer Flora. Hier befindet sich auch das sehenswerte **Ainu-Museum** mit der über 20 000 Objekte umfassenden ethnologischen Sammlung des englischen Zoologen John Batchelor.

Am Rand der Berge im Westen Sapporos liegt der **Maruyama-Park** *(Maruyama-koen),* sicherlich keiner der bedeutenden Gärten Japans, aber dennoch ein Musterbeispiel für die östliche Landschaftsarchitektur.

**Sapporo TIC,** Nishi-3 chome, Odori, Chuoku, Sapporo 060, Tel. 232-7712.
**Vorwahl Sapporo: Tel. 011.**

*Sapporo mit der Prachtstraße Odori*

Seite 97

**Flugverbindung:** Von Tokyo (Haneda) in 1 Std. 30 Min. mit JAL, ANA, JAS.
**Bahnverbindung:** Von Tokyo (1218 km) per Shinkansen bis Morioka, weiter mit Hatsukari-Express bis Hakodate, dann mit Hokuto-Express bis Sapporo, Fahrzeit: ca. 11 Std.

**Century Royal Hotel,** 5 Nishi, Kita-5, Chuo-ku, Sapporo 060-0005, Tel. 221-2121, Fax 231-2538, www.cr-hotel.com. Angenehmes, nicht zu großes Hotel beim Bahnhof. ○○○

▮ **Sapporo Tokyu Hotel,** 4-1 Nishi, Kita-4, Chuo-ku, Sapporo 060-0004, Tel. 231-5611, Fax 251-3515. Gutes Haus der bewährten Tokyu-Kette in Bahnhofsnähe. ○○

▮ **Hotel Sunroute,** 1-chome, Kita 7-jo, Nishi, Kita-ku, Sapporo 060-0062, Tel. 737-8111, Fax 717-8946. Preiswertes Haus in Bahnhofsnähe. ○

Das Viertel Susukino bietet Bars, Restaurants und alles, was der Nachtschwärmer sonst begehrt. Groß ist die Restaurantauswahl auch unter der Odori-Avenue.

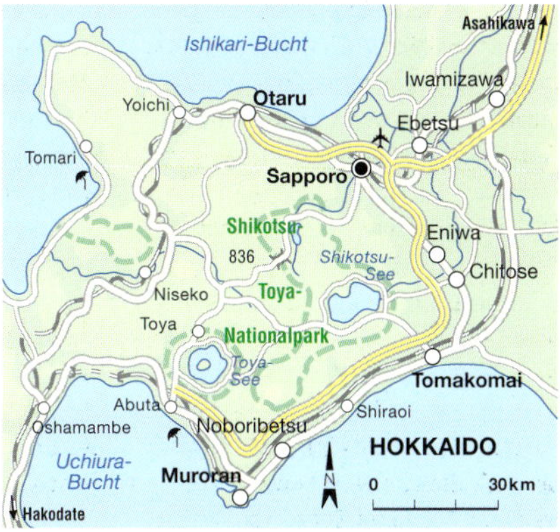

## *Shikotsu-Toya-Nationalpark

Seite 97

In Hokkaido sollte man zumindest einen der herrlichen Nationalparks besuchen. Hierzu bietet sich der südlich von Sapporo liegende **Shikotsu-Toya** an, der mit Ausnahme der Subarktis einen guten Eindruck der Landschaftstypen Hokkaidos mit Gebirgen, großen Seen, Vulkanen und heißen Quellen bietet. Man gelangt in den rund 1000 km² großen Nationalpark mit dem Linienbus bis Toyako und erreicht eine der schönsten Stellen, den kreisrunden **Kratersee Toya** (43 km Umfang). Er ist von hohen Bergen umgeben, die mit ihren dichten Urwäldern in Kontrast zum kristallklaren Wasser stehen. Weiter südlich liegt das Ainu-Dorf **Shiraoi.** Hier leben noch rund 3000 Ainu (s. S. 16) in Gehöften in originaler Bauweise. Das ganze Dorf ist sehr touristisch aufgemacht, und die vorgeführten Tänze und Gesänge sind sicherlich nicht mehr gelebte Folklore.

Südöstlich vom Toya-See erreicht man nach einer hübschen Fahrt durch die Berge einen der berühmtesten Thermalbadeorte Japans, **Noboribetsu.** Die verschieden farbigen heißen Quellen der Bäder werden aus dem *Jigokudani,* dem Höllental, gespeist. Man ist auf Tagesgäste eingerichtet.

**Busverbindung:** Von Sapporo mit dem Linienbus nach Toyako, Fahrzeit: knapp 3 Std.
**Bahnverbindung:** Von Sapporo nach Noboribetsu, Fahrzeit: 1 Std. 15 Min.; weiter mit dem Bus (13 Min.).

**Dai-ichi Taki-moto-kan,** 55 Noboribetsu Onsen-cho, Noboribetsu 059-0595, Tel. (0143) 84-3322, Fax 84-2202. Ryokan mit schönen Thermalbädern. ○○

# Infos von A–Z

### Ärztliche Versorgung

Die medizinische Versorgung in Japan ist auf dem neuesten Stand, die Krankenhäuser sind hervorragend ausgestattet, wenn auch Unterbringung und Verpflegung anders organisiert sind als in Deutschland: Es wird erwartet, dass sich die Familie um Körperpflege und, wenn möglich, die Ernährung des Patienten kümmert. Ein Englisch sprechender Arzt findet sich immer. Die ärztliche Versorgung ist meist privat und entsprechend teuer. Man sollte deshalb vor Reiseantritt eine private Reisekrankenversicherung abschließen. Sinnvoll ist es, Medikamente, die regelmäßig einzunehmen sind, in ausreichender Menge mitzuführen.

### Behinderte

In Japan sind körperliche und geistige Behinderung tabuisiert. Dennoch herrscht gegenüber Behinderten große Toleranz. Überall im Land sind für Blinde Bahnsteige und Bus- und Straßenbahnhaltestellen mit einem ertastbaren Hartgummibelag versehen.

### Diplomatische Vertretungen

Japanische Botschaften gibt es in Berlin, Wien und Bern, Generalkonsulate in Berlin, Düsseldorf, Frankfurt/Main, Hamburg, München und Genf.

- **Deutsche Botschaft,** Doitsu Taishinkan, 5-10 Minami-Azabu, 4-chome, Minato-ku, Tokyo 106, Tel. (03) 5791-7700, Fax 3473-4243.
- **Österreichische Botschaft,** 1-1-20 Moto-Azabu, Minato-ku, Tokyo 106, Tel. (03) 3451-8281, Fax 3451-8283.
- **Schweizer Botschaft,** 9-12 Minami-Azabu, 5-chome, Minato-ku, Tokyo 106, Tel. (03) 3473-0121, Fax 3473-6090.

**Deutsches Generalkonsulat,**
Umeda Sky Building, Tower East 36 F, 1-1-88-3600, Oyodo-naka, Kita-ku, 531 Osaka, Tel. (06) 6440-5070, Fax 6440-5080.

## Einladungen

Einladungen erfolgen nur ganz selten in die Privatwohnung, sondern fast ausschließlich in ein Restaurant, was mit den meist sehr beengten Wohnverhältnissen zusammenhängt. Kleine Geschenke sind angebracht, jedoch kein Blumenstrauß! Mit dem letzten Schluck grünen Tees ist die Zusammenkunft beendet, dann wird es Zeit, dass man selbst zum Aufbruch mahnt.

## Einreisebestimmungen

Deutsche, Österreicher und Schweizer benötigen lediglich einen gültigen Reisepass, sofern der Aufenthalt sechs Monate nicht überschreitet und nicht beruflich begründet ist. Geschäftsleute beantragen ein Visum bei der japanischen Botschaft oder beim Konsulat. Wer länger als 90 Tage bleibt, muss sich polizeilich melden.

## Elektrizität

Das Netz liefert 100 Volt mit der Frequenz 50 Hertz, in Westjapan meist 60 Hertz. Stecker und Steckdosen entsprechen der amerikanischen Norm, Adapter sind erhältlich.

## Feiertage

1. Januar: Neujahrstag *(Ganjitsu);* 15. Januar: Tag der Erwachsenen *(Seijin-no-hi);* 11. Februar: Tag der Staatsgründung *(Kenkoku-kinen-no-hi);* 20. oder 21. März: Frühlingsanfang *(Shumbun-no-hi);* 29. April: Tag des Grün *(Midori-no-hi);* 3. Mai: Tag der Verfassung *(Kempokinembi);* 5. Mai: Tag der Kinder *(Kodomo-no-hi);* 15. September: Tag der Ehrerbietung für die Älteren *(Keiro-no-hi);* 23. oder 24. September: Herbstbeginn *(Shubun-no-hi);* 10. Oktober: Tag des Sports und der Gesundheit *(Taiku-no-hi);* 3. November: Tag der Kultur *(Bunka-no-hi);* 23. November: Arbeits- und Erntedanktag: *(Kinro-kansha-no-hi);* 23. Dezember: Geburtstag des Kaisers *(Tenno-tanjobi).*

Fällt ein Feiertag auf einen Sonntag, ist der darauf folgende Montag frei. Da die Japaner zunehmend auf Reisen gehen, werden die Maifeiertage gewöhnlich mit dem nächstliegenden Wochenende zu einem Kurzurlaub verbunden, der Golden Week.

Zu Jahresbeginn (30. Dez. bis 5. Jan.) sowie um das buddhistische Allerseelenfest (*O-bon,* ca. 14. bis 16. Aug.) sind Ämter, Büros, Geschäfte und Restaurants zum Teil oder durchgängig geschlossen. Wie in der Golden Week sind Züge und Hotels ausgebucht.

## Flughafengebühr

Beim Abflug vom Kansai International Airport sind pro Erwachsener 2650 Yen, pro Kind (2–11 Jahre) 1330 Yen Flughafengebühr zu entrichten.

## Geld und Devisen

Die japanische Währung ist der Yen. Es gibt Münzen zu 1, 5, 10, 50, 100 und 500 Yen und Banknoten zu 500, 1000, 5000 und 10 000 Yen.

Der Wechselkurs (Stand: August 2001) liegt bei: 100 Yen = ca. 0,9 €. Da der Yen in Japan etwas teurer gehandelt wird als im Ausland, sollte man einen Teil des Reisegeldes mitbringen und sich auch DM-, Dollar- oder Yen-Reiseschecks besorgen; Eurocheques sind wertlos!

Die gängigen Kreditkarten wie Visa, American Express oder Diners Club werden in der Regel nur in Hotels, Kaufhäusern und besseren Restaurants akzeptiert. Devisen können unbegrenzt eingeführt, aber nur in Höhe von 5 Mio. Yen ausgeführt werden.

### Impfungen

Es sind für Japan keine Impfungen erforderlich. Wer aus einem Epidemiegebiet kommt, muss eine Impfung gegen die jeweilige Krankheit nachweisen.

### Informationen

Die **Japan National Tourist Organization (JNTO),** in Deutschland als Japanische Fremdenverkehrszentrale tätig, hält nützliches Informationsmaterial bereit – vom Hotelverzeichnis bis zu Veranstaltungstipps. Es empfiehlt sich, die Broschüre »Tourist Information Centers« anzufordern, die alle Infobüros – TICs – in Japan auflistet.

- Internet: **Japan Travel Updates:** http://www.jnto.go.jp.
- **Japanische Fremdenverkehrszentrale,** 60311 Frankfurt/Main, Kaiserstr. 11, Tel. 0 69/2 03 53, Fax 28 42 81, E-Mail: INFO@JNTOFRA.RHEIN-MAIN.com; oder in: 1201 Genf, 13 rue de Berne, Tel. 0 22/7 31 81 40, Fax 7 38 13 14.
- **Japan Travel Phone:** Ein englischsprachiger Gesprächspartner erteilt Hilfe bei Ortsproblemen. Kostenlos für Ostjapan (ab Tokyo bis Hokkaido): Tel. 0088/22-4800; für Westjapan: Tel. 0120/44-4800. Innerhalb Tokyos: Tel. 3502-1461; innerhalb Kyotos: Tel. 371-5649.

### Kleidung

Trotz des allgemein sehr förmlichen Verhaltens wird auf formelle Kleidung kaum Wert gelegt. Auch Theater- und Konzertaufführungen werden in Straßenkleidung besucht. Regenschutz ist zu allen Jahreszeiten angebracht.

### Kriminalität

Kriminalität spielt sich meist nur im großen Rahmen ab, Touristen können darauf vertrauen, in Japan in einem der sichersten Länder der Welt zu reisen.
Auch wenn kaum ein Diebstahl zu befürchten ist, gibt man seine Wertgegenstände doch besser in einem hierfür erhältlichen Spezialkuvert bei der Rezeption zur Aufbewahrung ab. Traditionelle Ryokans kennen nämlich keine Türschlösser.

### Notruf

- **Polizei** Tel. 110;
- **Feuerwehr und Notarzt** Tel. 119; von öffentlichen Telefonzellen ohne Geldeinwurf.

### Öffnungszeiten

- **Banken:** Mo–Fr 9–15, am ersten und letzten Sa des Monats 9–12 Uhr.
- **Postämter:** Mo–Fr 9–17, Sa 9–12.30 Uhr.
- **Kaufhäuser:** Mo–Fr 10–19, Sa, So 10–19 Uhr; an einem Wochentag (unterschiedlich) geschlossen.
- **Geschäfte:** tgl. 10–20 Uhr.
- **Restaurants:** Mittagessen 11.30 bis 14 Uhr; Abendessen 17–21 bzw. 22 Uhr.
- **Museen:** 9/10–16/17 Uhr; Mo geschlossen.
- **Tempel, Klöster, Schreine** (soweit nicht frei zugänglich): tgl. 9–16 Uhr.

### Post

Nach Mitteleuropa kostet eine Postkarte 70 Yen, innerhalb Japans 50 Yen. Das Briefporto beträgt nach Europa 130 Yen (bis 25 g), Postkarten 70 Yen.

### Taxi

Taxis sind in Japan sehr zuverlässig und preiswert. Nach 22 Uhr und bei starkem Regen deutet man durch Erheben von zwei bzw. drei Fingern an, dass man bereit ist, den zwei- bzw. dreifachen Preis zu zahlen.

### Telefon

Japan besitzt wohl das dichteste Netz öffentlicher Telefone, die meist ohne Zelle frei installiert sind. Für Ferngespräche eignen sich am besten die grünen Kartentelefone. Telefonkarten sind in Postämtern, Supermärkten, Andenkenläden sowie an Automaten erhältlich. Am preisgünstigsten telefoniert man zwischen 23 und 8 Uhr.

Die Vorwahlnummer von Deutschland, Österreich und der Schweiz nach Japan ist 00 81; von Japan nach Deutschland 0 01 49; nach Österreich 0 01 43; in die Schweiz 0 01 41. Bevor man die Vorwahl nach Deutschland eingibt, muss man eine der folgenden drei Telefongesellschaften anwählen: 001 (KDD), 0041 (ITJ), 0061 (IDC).

### Toiletten

In allen westlichen Hotels, aber auch in vielen Restaurants findet man westliche Toiletten. Eine Trennung Damen/Herren gibt es oft nicht. Japanische WCs bestehen aus länglich-ovalen Bodenmuscheln, über denen man eine hockende Stellung einnimmt. Im Ryokan benutzt man beim Gang zur Toilette besondere Slipper.

### Trinkgelder

sind in Japan unüblich.

### Visitenkarten

Sie spielen in Japan eine große Rolle, denn sie helfen zunächst, den Namen des Gesprächspartners richtig zu deuten, was über das Hören allein häufig nicht möglich ist. Darüber hinaus geben sie Auskunft über Rang und Funktion des Gegenübers. Erst wenn dies geklärt ist, kann die richtige Sprachebene gefunden werden: formell, vertraulich usw.

### Volkskunst *(mingei)*

In Japan gibt es eine Fülle von schönen Gebrauchs- und Ziergegenständen sowie von traditionellen Bauernspielsachen aus verschiedensten Materialien: Lack, Keramik, Holz, Papiermaché, Metall. Alle Warenhäuser haben entsprechende Spezialabteilungen, und auch in den Andenkenläden bei den Schreinen und Tempeln hat man eine große Auswahl.

### Zeit

Die Zeitverschiebung zwischen Japan und Mitteleuropa (MEZ) beträgt + 8 Std., während der mitteleuropäischen Sommerzeit + 7 Std.

### Zeitungen

Japan besitzt ein reiches, vielseitiges Pressewesen; man liest hier im Durchschnitt weit mehr Zeitungen und Zeitschriften als etwa in Deutschland oder Österreich.

Für den Schriftunkundigen bleibt nur das ebenfalls umfangreiche Angebot englischsprachiger Zeitungen wie etwa »Japan Times«, »Daily Yomiuri« oder »Asahi Evening News«. In den großen Hotels gibt es zudem englischsprachige Stadtzeitungen für Touristen mit nützlichen Hinweisen und Angeboten.

### Zollbestimmungen

Auf persönliches Reisegepäck wird kein Zoll erhoben, sofern es dem zuständigen Beamten nach Menge und Inhalt angemessen erscheint. Zollfrei eingeführt werden dürfen: 500 g Tabak oder 400 Zigaretten oder 100 Zigarren; 3 Flaschen Spirituosen; 75 ml Parfüm; sonstige Waren bis zu einem Marktwert von 200 000 Yen.

Für die Wiedereinreise ins Heimatland sollte man beachten, dass Geschenke einen Wert von 175 € bzw. 200 CHF nicht übersteigen dürfen.

# Langenscheidt Mini-Dolmetscher

## Allgemeines

| | |
|---|---|
| Guten Tag | こんにちは [**konn**·nitschi wa] |
| Guten Morgen | おはようございます [**ohajoh** go**sai**mass] |
| Guten Abend | 今晩は [**kom**bann wa] |
| Wie geht's? | お元気ですか [o**genn**ki dess **ka**] |
| Danke gut. | おかげさまで元気です [ockagessama de **genn**ki dess] |
| Ich heiße ... | ... と申します [... to **moh**schimass] |
| Auf Wiedersehen. | さようなら [ßa**joh**nala] |
| Morgen | 午前 [**go**sen] |
| Nachmittag | 午後 [**go**go] |
| Abend | 晩 [bann] |
| Nacht | 夜中 [jonnaka] |
| morgen | 明日 [**asch**ta] |
| heute | 今日 [kjoh] |
| gestern | 昨日 [**kin**noh] |
| Sprechen Sie Deutsch? | ドイツ語がわかりますか [**deutz**go ga **wa**kali mass**ka**] |
| Wie bitte? | え？何と言われましたか [e? **nann**to iwalemaschta **ka**] |
| Ich verstehe nicht. | わかりません [wackalim**assen**] |
| Sagen Sie es bitte nochmals. | もう一度言って下さい [**moh** itschido **it**te kudassai] |
| ..., bitte. | ... をお願いします [... o **onne**gai **schi**mass] |
| danke | ありがとう [aligatoh] |
| Keine Ursache. | どういたしまして [**doh**·itaschimaschte] |
| was / wer / welcher | 何 / 誰 / どれ [**nan**ni / **dal**le / **dol**le] |
| wo / wohin | どこ / どこへ [**docko** / **docko**·e] |
| wie / wieviel | どう / どのくらい [doh / **don**no kla·i] |
| wann / wie lange | いつ / どのくらい [**it**su / **don**no kla·i] |
| Warum? | なぜ [**nad**se] |
| Wie heißt das? | それは何と言いますか [ßolle wa **nann**to i·imass **ka**] |
| Wo ist ...? | ... はどこですか？ [... wa **docko** dess **ka**] |
| Können Sie mir helfen? | ちょっとお願いしても いいですか [**tschot**to onnegai **schte**mo i·i dess **ka**] |
| ja | はい [hai] |
| nein | いいえ [**ihe**] |
| Entschuldigen Sie. | すみません [ßummi·**massen**] |
| Das macht nichts. | 構いません [kammai·**massen**] |

## Sightseeing

| | |
|---|---|
| Gibt es hier eine Touristeninformation? | ここに観光案内所はありますか [**ko**cko ni **kann**koh **ann**·naischo wa allimass **ka**] |
| Haben Sie einen Stadtplan (ein Hotelverzeichnis)? | 市街地図 / 宿泊リストはありますか [schiggai·tschidsu (schku·hak lissto) wa allimass **ka**] |
| Wann ist ... geöffnet? | ... は何時から何時まで開いていますか [... wa **nann**·dschi kalla **nann**·dschi **mad**de **ai**te imass **ka**] |
| das Museum | 博物館 [**ha**ckubutskann] |
| der Tempel | 寺 [tella] |
| der Schrein | 神社 [**dschinn**·dscha] |
| die Ausstellung | 展示会 [**tenn**·dschikai] |

## Shopping

| | |
|---|---|
| Wo gibt es ...? | ... はどこですか [... wa **docko** dess **ka**] |
| Wieviel kostet das? | これはいくらですか [**kol**le wa **ick**ulla dess **ka**] |
| Das ist zu teuer. | 安くなりませんか [jassuku·nallimassen **ka**] |
| Das gefällt mir / gefällt mir nicht. | 気に入りました / 気に入りません [**ki** ni illimaschta / **ki** ni illim**assen**] |
| Gibt es das in einer anderen Farbe? | 色違いはありますか [**illo**·tschigai wa allimass **ka**] |
| Gibt es das in einer anderen Größe? | 違うサイズはありますか [tschi**ga**·u ßaidsu wa allimass **ka**] |
| Ich nehme es. | これを下さい [**kol**le o kud**assai**] |
| Wo gibt es hier eine Bank? | 銀行はどこですか [**gin**koh wa **docko** dess **ka**] |
| Wo kann ich Geld wechseln? | 両替したいのですが [**ljoh**ga·e schita·i no dess **ga**] |
| Geben Sie mir fünf Stück ... | ... を五個下さい [... o **go**cko **ku**dassai] |

| | |
|---|---|
| Haben Sie deutsche / englische Zeitungen? | ドイツ語 / 英語の新聞はありますか [**deutz**go / **ej**go no **schim**bunn wa allimass **ka**] |
| Wo kann ich telefonieren? | 電話をかけたいのですが [**denn**wa o **kacke**tai no dess **ga**] |
| Wo kann ich eine Telefonkarte kaufen? | テレホン・カードを買いたいのですが [telehon **kah**do o kai**tai** no dess **ga**] |

## Notfälle

| | |
|---|---|
| Ich brauche einen Arzt / Zahnarzt. | 医者 / 歯医者を呼んで下さい [ischa / **hai**scha o **jonn**de kud**assai**] |
| Rufen Sie bitte einen Krankenwagen / die Polizei. | 救急車 / 警察を呼んで下さい [**kjuh**·kjuh·scha / ke·issats o **jonn**de kud**assai**] |
| Wir hatten einen Unfall. | 事故にあいました [**dschi**cko ni **ai**maschta] |
| Wo ist das nächste Polizeirevier? | 交番はどこですか [**koh**bann wa **do**cko dess **ka**] |
| Ich bin bestohlen worden. | 盗難にあいました [**toh**nann ni **ai**maschta] |

## Essen und Trinken

| | |
|---|---|
| Die Speisekarte, bitte. | メニューを下さい [**menn**juh o kud**assai**] |
| Brot | パン [pann] |
| Reis | ご飯 [**go**hann] |
| Kaffee | コーヒー [**koh**·hih] |
| Tee | 紅茶 [**koh**tscha] |
| Tee mit Milch | ミルクティー [**mil**luk tih] |
| Orangensaft | オレンジジュース [**ollendsch** dschuhss] |
| Suppe | スープ [ßuhp] |
| Sojasoße | 醤油 [**schoh**ju] |
| Fisch | 魚 [**ßa**kana] |
| Meeresfrüchte | シーフード [**schi**·huhdo] |
| Fleisch | 肉 [**niku**] |
| Geflügel | 鳥肉 [**tolliniku**] |
| vegetarische Gerichte | 菜食料理 [**ßai**schoku **ljohli**] |
| Eier | 卵 [**tammago**] |
| Salat | サラダ [**ßallada**] |
| Dessert | デザート [**desaht**] |
| Obst | 果物 [**kuda**·monno] |
| Eis | アイスクリーム [aiss**klihm**] |
| Wein | ワイン [uain] |
| weiß / rot | 白 / 赤 [acka / **schillo**] |
| Bier | ビール [bihl] |
| Reiswein | 酒 [ßacke] |
| Aperitif | 食前酒 [**scho**cku·sennsch] |
| Wasser | 水 [misu] |
| Mineralwasser | ミネラル・ウォーター [mine**lal** **uoh**tah] |
| Limonade | サイダー [ßaidah] |
| Frühstück | 朝食 [**tschoh**·schoku] |
| Mittagessen | 昼食 [**tschuh**·schoku] |
| Abendessen | 夕食 [**juh**·schoku] |
| Ich möchte bezahlen. | お勘定をお願いします [ockandschoh o **one**gai **schi**mass] |
| Es war sehr gut. | とてもおいしかったです [totemo **oisch**·katta dess] |

## Im Hotel

| | |
|---|---|
| Ich suche ein gutes (nicht zu teures) Hotel. | 良い（あまり高くない）ホテルを探しています [jo·i (amali **taka**kunai) **ho**tel o ßa**gasch**te imass] |
| Ich habe ein Zimmer reserviert. | 部屋を予約してあります [**heja** o joja**ku** schi**te** **alli**mass] |
| Ich suche ein Zimmer für 1 (2) Person(en). | シングル（ダブル）ルームを探しています [ßingul (**da**bul) ruhm o ßa**gasch**te **imass**] |
| Ein Zimmer mit Dusche und Toilette. | 洋式の部屋 [**joh**schiki no **heja**] |
| Wieviel kostet das Zimmer pro Nacht? | 一泊いくらですか [ippaku ikulla dess **ka**] |
| Mit Frühstück? | 朝食付きですか [**tschoh**·schoku **tsu**ki dess **ka**] |
| Kann ich das Zimmer sehen? | 部屋を見せてください [**heja** o **miss**ete kud**assai**] |
| Haben Sie ein anderes Zimmer? | ほかに部屋が空いていますか [**ho**kanni **heja** ga **aite**·imass **ka**] |
| Das Zimmer gefällt mir. | この部屋にします [**kono** heja ni schi**mass**] |
| Das Zimmer gefällt mir nicht. | 他の部屋に案内して下さい [**hoka** no **heja** ni **an**·nai schi**te** kud**assai**] |
| Kann ich mit Kreditkarte bezahlen? | クレジット・カードは使えますか [**kled**schit kahd wa tsu**ka**·emass **ka**] |
| Können Sie das Gepäck in mein Zimmer bringen? | 荷物を部屋まで運んで下さい [**nimmots** o **heja** **ma**de ha**konn**de kud**assai**] |

## Orts- und Sachregister

## Personenregister

## Zeichenerklärung

Unsere Preissymbole bedeuten:

Hotel (DZ):

| | |
|---|---|
| ❍❍❍ | ab 20 000 Yen |
| ❍❍ | 15 000 bis 20 000 Yen |
| ❍ | bis 15 000 Yen |

Restaurant (Menü) :

| | |
|---|---|
| ❍❍❍ | ab 4000 Yen |
| ❍❍ | 1500 bis 4000 Yen |
| ❍ | bis 1500 Yen |



**Polyglott im Internet: www.polyglott.de,
im Shell GeoStar unter www.ShellGeoStar.com,
in Beyoo unter www.beyoo.com,
im Travel Channel unter www.travelchannel.de**

Alle Informationen stammen aus zuverlässigen Quellen und wurden sorgfältig geprüft. Für ihre Vollständigkeit und Richtigkeit können wir jedoch keine Haftung übernehmen.
Ergänzende Anregungen bitten wir zu richten an:
Polyglott Verlag, Redaktion, Postfach 40 11 20, 80711 München.
E-Mail: redaktion@polyglott.de

## Impressum

Herausgeber: Polyglott-Redaktion
Autor: Dr. Norbert Hormuth
Lektorat: Jutta Ressel
Layout: Ute Weber, Geretsried
Karten und Pläne: Huber.Kartographie
Titeldesign-Konzept: Independent Medien-Design
Satz: Easy Pic Library GmbH
Satz Special: Carmen Marchwinski, München

**Erste Auflage 2002**

Printed in Germany
ISBN 3-493-58778-3
Dieses Buch wurde auf chlorfrei gebleichtem Papier gedruckt.

## Die wichtigsten Sehenswürdigkeiten auf einen Blick

Das unverwechselbare Polyglott-Sternchensystem dient einer ausgewogenen Bewertung aller Sehenswürdigkeiten. Es soll Ihnen die Wahl und die Zusammenstellung Ihrer Reiseroute erleichtern.

*** eine eigene Reise wert
** einen Umweg wert
* sehr sehenswert

*** Nikko (S. 49 ff.)
*** Kamakura (S. 54 ff.)
*** Kyoto (S. 58 f.)
*** Nara (S. 71 f.)
*** Byodoin-Tempel, Uji (S. 73)
*** Horyuji-Kloster (S. 73)
*** Koraku-Park, Okayama (S. 79 f.)
*** Miyajima (S. 86 f.)

** Tokyo (S. 39 f.)
** Chuzenji-See (S. 51)
** Fuji-Hakone-Nationalpark (S. 53 f.)
** Ise-Schrein (S. 75)
** Sumiyoshi-Schrein, Osaka (S. 77)
** Klosterstadt Koya-san (S. 78)
** Izumo-taisha, Izumo (S. 81)
** Shukkei-Garten, Hiroshima (S. 84)
** Friedenspark, Hiroshima (S. 84)
** Daizaifu (S. 89 f.)
** Schloss Kumamoto, Kumamoto (S. 92)
** Suizenji-Koen, Kumamoto (S. 93 f.)
** Aso-Nationalpark (S. 94.)

Der Autor

### Dr. Norbert Hormuth

arbeitete nach seinem Studium der Literaturwissenschaft, Geschichte, Philosophie und Psychologie mehrere Jahre in Japan, wo er insbesondere an der Universität Kumamoto deutsche Literatur und Sprache lehrte. Zahlreiche Bücher bezeugen seine intensive Beschäftigung mit dem Land, das er privat und als Studienreiseleiter immer wieder besucht.